本书为中国·文物出版社和日本·平凡社合作出版《中国石窟·敦煌莫高窟》第四卷的中文版，收录唐代（盛唐、中唐、晚唐）计39个洞窟的彩塑和壁画，以及有关的论文等。《中国石窟·敦煌莫高窟》第一～五卷于1991年获首届全国美术图书特别金奖，1994年获首届国家图书奖。

中國石窟

敦煌莫高窟

四

敦煌研究院编

文物出版社

责任印制 张道奇
责任编辑 黄文昆
再版编辑 王 戈

图书在版编目（CIP）数据

敦煌莫高窟. 第4卷／敦煌研究院编. —2版.
—北京：文物出版社，2013.9（2023.9重印）
ISBN 978-7-5010-3806-0

Ⅰ.①敦… Ⅱ.①敦… Ⅲ.①敦煌石窟-研究
Ⅳ.①K879.214

中国版本图书馆 CIP 数据核字（2013）第 196407 号

中国石窟

敦煌莫高窟　第四卷

敦煌研究院　编

*

文物出版社出版发行
（北京市东城区东直门内北小街2号楼）
邮政编码：100007
http：//www.wenwu.com
文物出版社印刷厂有限公司印刷
新 华 书 店 经 销
开本：965mm×1270mm　1/16　印张：15.25
2011年7月第2版　2023年9月第8次印刷
ISBN 978-7-5010-3806-0　定价：360.00元

敦煌莫高窟　第四卷

著者

段文杰（敦煌文物研究所研究员、所长）

萧默（中国艺术研究院美术研究所研究人员）

李永宁（敦煌文物研究所助理研究员）

孙修身（敦煌文物研究所助理研究员）

万庚育（敦煌文物研究所助理研究员）

李其琼（敦煌文物研究所副研究员）

孙儒僩（敦煌文物研究所副研究员）

欧阳琳（敦煌文物研究所助理研究员）

霍熙亮（敦煌文物研究所助理研究员）

关友惠（敦煌文物研究所助理研究员）

刘玉权（敦煌文物研究所助理研究员）

郦伟堂（敦煌文物研究所工作人员）

史苇湘（敦煌文物研究所研究员）

摄影

文物出版社：彭华士／陈志安／孙之常

敦煌文物研究所：祁铎

装帧

三村淳

仇德虎

责任编辑

黄文昆

山本恭一

目　　录

图版 ⋯⋯⋯⋯⋯⋯⋯⋯⋯⋯⋯⋯⋯⋯⋯⋯⋯⋯⋯⋯⋯⋯⋯ 1

唐代后期的莫高窟艺术 ⋯⋯⋯⋯⋯⋯⋯⋯⋯⋯⋯段文杰 161

莫高窟壁画中的佛寺 ⋯⋯⋯⋯⋯⋯⋯⋯⋯⋯⋯⋯萧　默 175

报恩经和莫高窟壁画报恩经变 ⋯⋯⋯⋯⋯⋯⋯李永宁 190

莫高窟的佛教史迹故事画 ⋯⋯⋯⋯⋯⋯⋯⋯⋯孙修身 204

图版说明 ⋯⋯⋯⋯⋯　万庚育　李其琼　孙儒僩　欧阳琳　霍熙亮　214
　　　　　　　　　　孙修身　关友惠　李永宁　刘玉权

实测图（第384窟、第158窟、第361窟、第196窟）⋯⋯郦伟堂绘 233

敦煌莫高窟大事年表（四）⋯⋯⋯⋯⋯⋯⋯⋯⋯史苇湘编 237

图版目录

1　第320窟　西壁龛内北侧　菩萨　盛唐

2　第320窟　西壁南侧　菩萨　盛唐

3　第320窟　西壁龛顶　说法图　盛唐

4　第320窟　北壁　观无量寿经变　盛唐

5　第320窟　北壁东侧　未生怨之一　盛唐

6　第320窟　北壁东侧　未生怨之二　盛唐

7　第320窟　南壁　阿弥陀经变（部分）　盛唐

8　第320窟　窟顶藻井　盛唐

9　第172窟　南壁　观无量寿经变　盛唐

10　第172窟　北壁　观无量寿经变　盛唐

11　第172窟　南壁西侧　观无量寿经变（部分）　盛唐

12　第172窟　北壁观无量寿经变中　供养菩萨　盛唐

13　第172窟　北壁　观无量寿经变（部分）　盛唐

14　第172窟　北壁观无量寿经变中　思惟菩萨　盛唐

15　第172窟　东壁北侧　文殊变（部分）　盛唐

16　第172窟　西壁龛顶　飞天　盛唐

17　第171窟　北壁西侧　十六观（部分）　盛唐

18　第171窟　北壁东侧　未生怨（部分）　盛唐

19　第27窟　西壁上部龛前　供养菩萨　盛唐

20　第384窟　西壁北侧　地鬼　盛唐

21　第384窟　西壁龛内南侧　菩萨　盛唐

22　第384窟　西壁龛内北侧　供养菩萨　盛唐

23　第79窟　西壁龛内北侧　菩萨（部分）　盛唐

24　第79窟　窟顶藻井　盛唐

25　第79窟　窟顶　千佛与供养童子　盛唐

26　第166窟　西壁龛顶　说法图（部分）　盛唐

27　第148窟　甬道顶南披　报恩经变恶友品（部分）　盛唐

28　第148窟　南壁上部　弥勒经变　盛唐

29　第148窟　北壁龛顶东披　药王菩萨　盛唐

30　第148窟　南壁龛顶西披　菩萨与火天神　盛唐

31　第148窟　北壁龛顶西披　菩萨　盛唐

32　第148窟　北壁龛顶北披　菩萨　盛唐

33　第148窟　北壁龛内西侧　月光菩萨　盛唐

34　第148窟　南壁东侧　文殊菩萨　盛唐

35　第148窟　北壁东侧　普贤菩萨　盛唐

36　第148窟　东壁北侧　药师经变　盛唐

37　第148窟　东壁北侧　药师经变（部分）　盛唐

38　第148窟　东壁北侧　药师经变（部分）　盛唐

39　第148窟　东壁南侧　观无量寿经变　盛唐

40　第148窟　东壁南侧观无量寿经变中　舞乐　盛唐

41　第194窟　西壁南侧　力士　盛唐

42　第194窟　西壁龛内南侧　天王、菩萨　盛唐

43　第194窟　西壁龛内南侧　天王（部分）　盛唐

44　第194窟　西壁龛内南侧　菩萨（部分）　盛唐

45　第194窟　西壁龛内南侧　弟子　盛唐

46　第194窟　西壁龛内北侧　菩萨　盛唐

47　第194窟　西壁龛内北侧　天王　盛唐

48　第201窟　北壁观无量寿经变中　舞乐　中唐

49　第199窟　西壁北侧　菩萨　中唐

50　第205窟　西壁弥勒经变中　耕获　中唐

51　第197窟　西壁龛顶（部分）　中唐

52　第197窟　西壁龛内南侧　菩萨（部分）　中唐

53　第112窟　南壁　观无量寿经变　中唐

54　第112窟　南壁观无量寿经变中　舞蹈　中唐

55　第112窟　南壁　金刚经变（部分）　中唐

56　第112窟　南壁金刚经变中　弟子　中唐

57　第112窟　南壁　金刚经变（部分）　中唐

58　第112窟　北壁　报恩经变　中唐

59　第112窟　北壁　药师经变　中唐

60　第112窟　北壁报恩经变中　力士　中唐

61　第112窟　北壁报恩经变中　舞乐　中唐

62　第112窟　南壁金刚经变中　舞乐　中唐

63　第158窟　西壁坛上　佛涅槃像（部分）　中唐

64　第158窟　南壁涅槃变中　菩萨、弟子　中唐

65　第158窟　北壁涅槃变中　各国王子　中唐

66　第158窟　西壁涅槃变中　天王、天龙八部　中唐

67　第158窟　西壁涅槃变中　天龙八部　中唐

68　第158窟　西壁涅槃变中　维摩诘　中唐

69　第158窟　西壁涅槃变中　飞天　中唐

70　第158窟　东壁北侧　金光明经变　中唐

71　第158窟　东壁北侧金光明经变中　舞乐　中唐

72　第158窟　东壁北侧　金光明经变（部分）　中唐

73　第158窟　东壁南侧　天请问经变（部分）　中唐

74　第158窟　东壁南侧　天请问经变（部分）　中唐

75　第159窟　西壁　中唐

76　第159窟　西壁北侧下部　五台山图　中唐

77　第159窟　西壁龛内南侧　菩萨、弟子　中唐

78　第159窟　西壁龛内北侧　弟子、菩萨　中唐

79　第159窟　西壁龛内北侧　菩萨（部分）　中唐

80　第159窟　西壁南侧　普贤变　中唐

81　第159窟　西壁北侧　文殊变　中唐

82　第159窟　南壁　中唐

83　第159窟　南壁观无量寿经变中　舞乐（部分）　中唐

84　第159窟　南壁观无量寿经变中　舞乐（部分）　中唐

85　第159窟　南壁观无量寿经变中　乐队（部分）　中唐

86　第159窟　南壁弥勒经变中　供养菩萨　中唐

87　第159窟　东壁北侧　维摩诘经变香积品（部分）　中唐

88　第159窟　东壁南侧　维摩诘经变　中唐

89　第159窟　东壁南侧维摩诘经变中　菩萨　中唐

90　第159窟　东壁南侧下部　维摩诘经变弟子品（部分）　中唐

91　第159窟　东壁南侧维摩诘经变中　吐蕃赞普　中唐

92　第159窟　西壁龛顶　化生童子　中唐

93　第159窟　西壁龛顶（部分）　中唐

94　第154窟　南壁　金光明经变　中唐

95　第154窟　南壁　弥勒经变（部分）　中唐

96　第154窟　北壁　报恩经变（部分）　中唐

97　第154窟　北壁报恩经变中　舞乐　中唐

98　第154窟　北壁报恩经变中　舞乐　中唐

99　第154窟　南壁西侧　天王、瑞像　中唐

100　第231窟　北壁　弥勒经变（部分）　中唐

101　第231窟　东壁门上　供养人　中唐

102　第220窟　甬道南壁

103　第220窟　甬道南壁龛内　说法图　中唐

104　第237窟　西壁龛顶西披　瑞像　中唐

105　第237窟　北壁　药师经变（部分）　中唐

106　第237窟　西壁龛顶南披　瑞像　中唐

107　第237窟　北壁　天请问经变（部分）　中唐

108　第237窟　西壁龛顶北披　瑞像　中唐

109　第237窟　西壁龛顶东披　瑞像　中唐

110　第238窟　西壁龛内南侧（部分）　中唐

111　第238窟　西壁龛顶西披　供养菩萨　中唐

112　第321窟　东壁北侧　维摩诘经变（部分）　中唐

113　第468窟　北壁西侧　十二大愿（部分）　中唐

114　第468窟　西壁北侧上部　飞天　中唐

115　第468窟　西壁龛下　女供养人　中唐

116　第468窟　西壁北侧　文殊变（部分）　中唐

117　第361窟　窟室内景

118　第361窟　北壁　弥勒经变（部分）　中唐

119　第361窟　东壁南侧　千手千钵文殊　中唐

120　第361窟　西壁龛顶　中唐

121　第360窟　窟顶藻井　中唐

122　第360窟　东壁门上　维摩诘经变佛国品　中唐

123　第360窟　北壁　药师经变（部分）　中唐

124　第360窟　东壁南侧下部　维摩诘经变方便品　中唐

125　第16窟　甬道北壁　第17窟（藏经洞）入口

126　第17窟　北壁坛上　高僧像　晚唐

127　第17窟　北壁西侧　近事女　晚唐

128　第17窟　北壁东侧　比丘尼（部分）　晚唐

129　第17窟　北壁坛下　双鹿　晚唐

130　第220窟　甬道南壁龛下　供养人　晚唐

131　第156窟　南壁　晚唐

132　第156窟　北壁　晚唐

133　第156窟　南壁、东壁南侧下部　张议潮出行图　晚唐

134　第156窟　北壁、东壁北侧下部　宋国夫人出行图　晚唐

135　第156窟　南壁下部　张议潮出行图（部分）　晚唐

136　第156窟　南壁下部　张议潮出行图（部分）　晚唐

137　第156窟　北壁下部　宋国夫人出行图（部分）　晚唐

138　第156窟　北壁下部　宋国夫人出行图（部分）　晚唐

139　第156窟　窟顶西披　弥勒经变　晚唐

140　第156窟　南壁思益梵天问经变中　舞乐　晚唐

141　第156窟　西壁北侧　文殊变（部分）　晚唐

142　第161窟　窟顶南披（部分）　晚唐

143　第161窟　窟顶东披（部分）　晚唐

144　第161窟　窟顶西披（部分）　晚唐

145　第161窟　窟顶藻井　晚唐

146　第85窟　窟顶藻井　晚唐

147　第85窟　南壁　报恩经变　晚唐

148 第 85 窟　南壁报恩经变中　恶友品（部分）　晚唐
149 第 85 窟　南壁报恩经变中　序品（部分）　晚唐
150 第 85 窟　北壁　药师经变　晚唐
151 第 85 窟　东壁门上　萨埵太子本生　晚唐
152 第 85 窟　北壁　思益梵天问经变　晚唐
153 第 85 窟　北壁思益梵天问经变中　舞乐　晚唐
154 第 85 窟　窟顶南披　法华经变　晚唐
155 第 85 窟　窟顶东披楞伽经变中　尸毗王本生　晚唐
156 第 85 窟　窟顶东披　楞伽经变　晚唐
157 第 85 窟　窟顶东披　楞伽经变（部分）　晚唐
158 第 12 窟　南壁　观无量寿经变　晚唐
159 第 12 窟　北壁　药师经变　晚唐
160 第 12 窟　东壁门上　供养人　晚唐
161 第 12 窟　南壁下部　弥勒经变（部分）　晚唐
162 第 12 窟　前室西壁北侧　天王　晚唐
163 第 18 窟　西壁龛内南侧　天王　晚唐
164 第 18 窟　南壁观无量寿经变中　舞乐　晚唐
165 第 18 窟　东壁南侧　维摩诘经变（部分）　晚唐
166 第 20 窟　东壁门上　供养人　晚唐
167 第 14 窟　北壁前部　晚唐
168 第 14 窟　北壁　如意轮观音　晚唐
169 第 14 窟　南壁西侧　观音菩萨　晚唐
170 第 14 窟　窟顶藻井　晚唐
171 第107窟　东壁北侧下部　女供养人　晚唐
172 第107窟　西壁龛内北侧　弟子　晚唐
173 第 9 窟　甬道顶部　晚唐
174 第 9 窟　中心柱东向面南侧　力士　晚唐
175 第 9 窟　中心柱东向面北侧　力士　晚唐
176 第 9 窟　南壁　劳度叉斗圣变（部分）　晚唐
177 第 9 窟　南壁　劳度叉斗圣变（部分）　晚唐
178 第 9 窟　中心柱西向面　白描人物　晚唐
179 第 9 窟　东壁北侧　文殊变　晚唐
180 第 9 窟　窟顶　晚唐
181 第 9 窟　东壁南侧下部　女供养人　晚唐
182 第196窟　中心佛坛上北侧　菩萨　晚唐
183 第196窟　中心佛坛上背屏　佛光（部分）　晚唐
184 第196窟　西壁　劳度叉斗圣变（部分）　晚唐
185 第196窟　西壁　劳度叉斗圣变（部分）　晚唐
186 第196窟　西壁劳度叉斗圣变中　外道归依　晚唐
187 第196窟　西壁劳度叉斗圣变中　风神　晚唐
188 第196窟　南壁（部分）　晚唐
189 第196窟　南壁下部　大势至菩萨　晚唐
190 第196窟　窟顶北披　千佛　晚唐
191 第196窟　东壁北侧　普贤变　晚唐
192 第138窟　东壁北侧　报恩经变　晚唐
193 第138窟　东壁南侧　维摩诘经变　晚唐
194 第345窟　甬道南壁　供养比丘　晚唐

1　第320窟　西壁龛内北侧　菩萨　盛唐

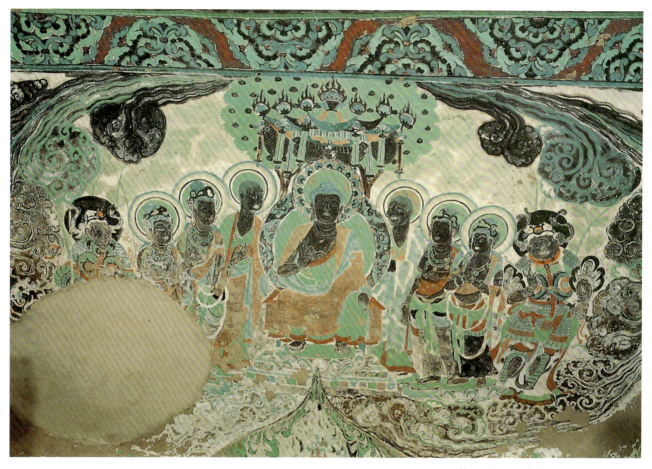

3　第320窟　西壁龛顶　说法图　盛唐

4　第320窟　北壁　观无量寿经变　盛唐

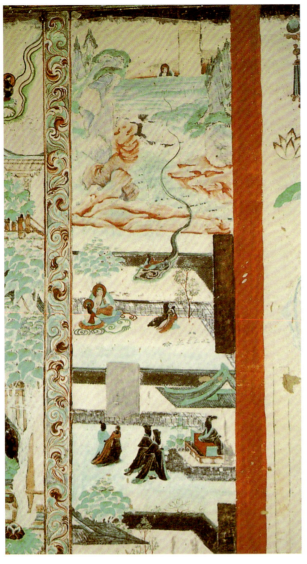

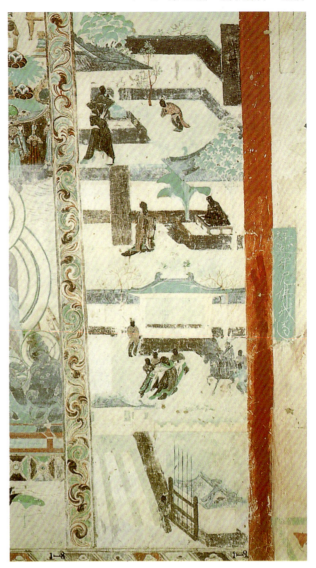

5　第320窟　北壁东侧　未生怨之一　盛唐

6　第320窟　北壁东侧　未生怨之二　盛唐

7　第320窟　南壁　阿弥陀经变（部分）　盛唐

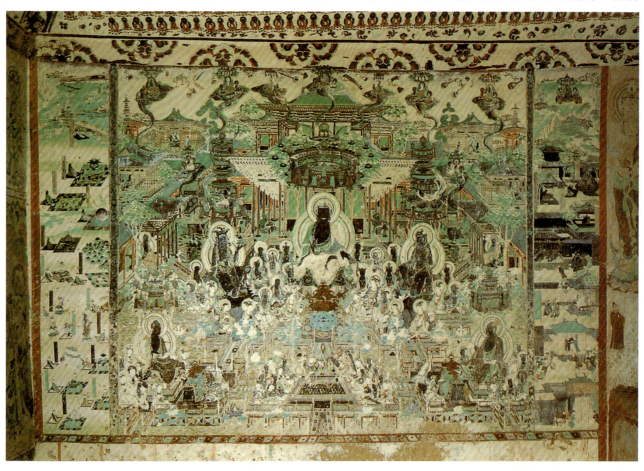

9 第172窟 南壁 观无量寿经变 盛唐

10 第172窟 北壁 观无量寿经变 盛唐

14　第172窟　北壁观无量寿经变中　思惟菩萨　盛唐

15　第172窟　东壁北侧　文殊变（部分）　盛唐

17　第171窟　北壁西侧　十六观（部分）　盛唐

18　第171窟　北壁东侧　未生怨（部分）　盛唐

19　第27窟　西壁上部龛前　供养菩萨　盛唐

20　第384窟　西壁北侧　地鬼　盛唐

26　第166窟　西壁龛顶　说法图（部分）　盛唐

27　第148窟　甬道顶南披　报恩经变恶友品（部分）　盛唐

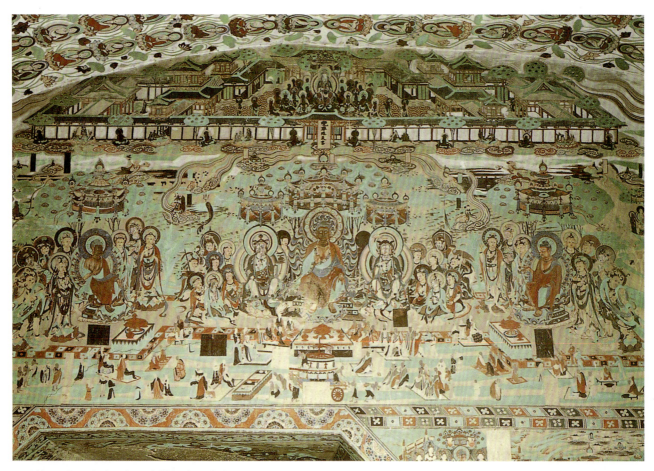

28　第148窟　南壁上部　弥勒经变　盛唐

29　第148窟　北壁龛顶东披　药王菩萨　盛唐

30　第148窟　南壁龛顶西披　菩萨与火天神　盛唐

31　第148窟　北壁龛顶西披　菩萨　盛唐

32 第148窟　北壁龛顶北披　菩萨　盛唐

33 第148窟 北壁龛内西侧 月光菩萨 盛唐

34 第148窟 南壁东侧 文殊菩萨 盛唐　　　　　35 第148窟 北壁东侧 普贤菩萨 盛唐

37　第148窟　东壁北侧　药师经变（部分）　盛唐

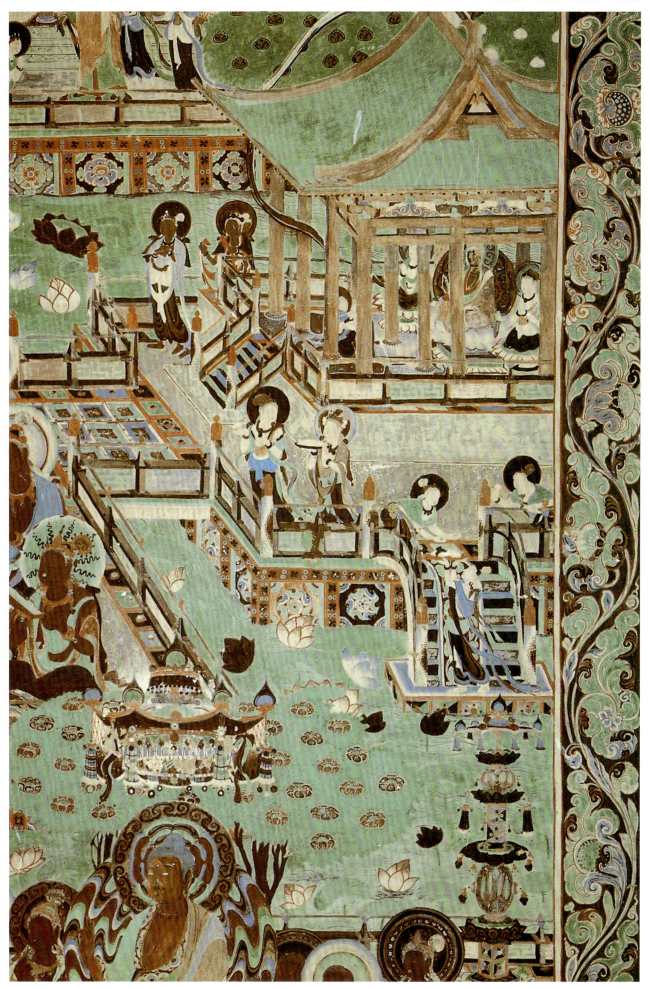

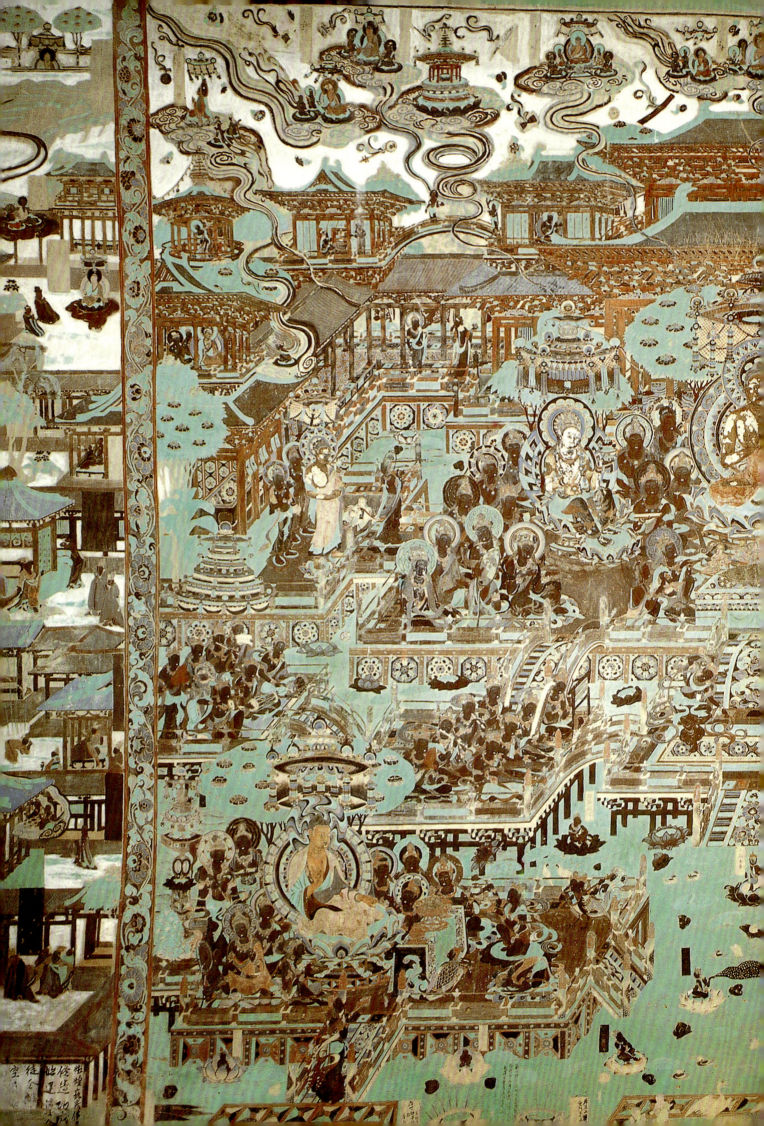

41　第194窟　西壁南侧　力士　盛唐

43 第194窟　西壁龛内南侧　天王（部分）　盛唐

44 第194窟 西壁龛内南侧 菩萨（部分） 盛唐

45 第194窟　西壁龛内南侧　弟子　盛唐

46 第194窟　西壁龛内北侧　菩萨　盛唐

50　第205窟　西壁弥勒经变中　耕获　中唐

51　第197窟　西壁龛顶（部分）　中唐

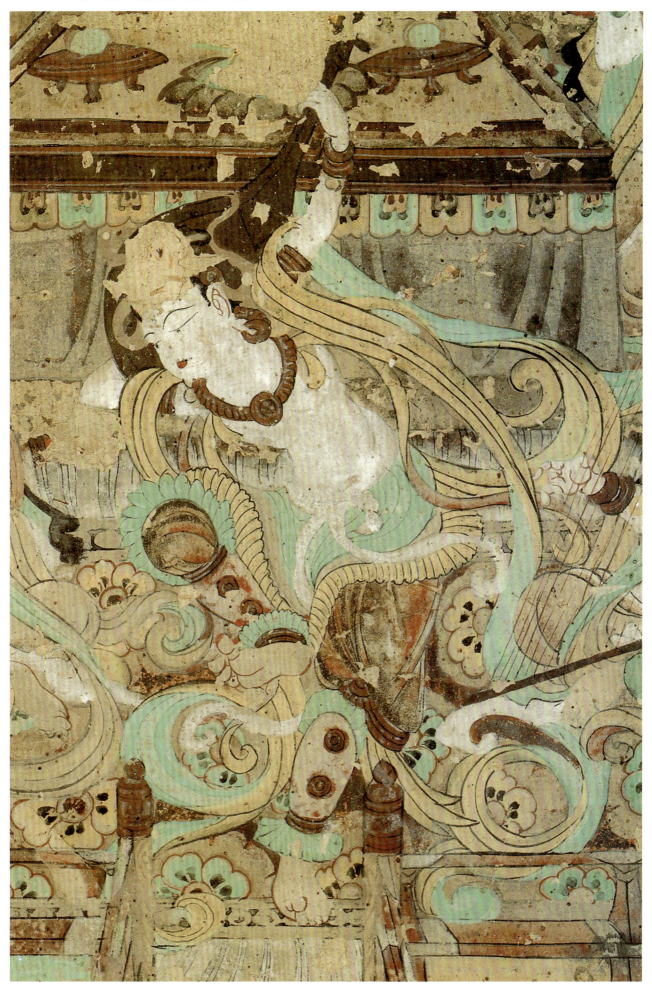

55 第112窟　南壁　金刚经变（部分）　中唐

56 第112窟　南壁金刚经变中　弟子　中唐

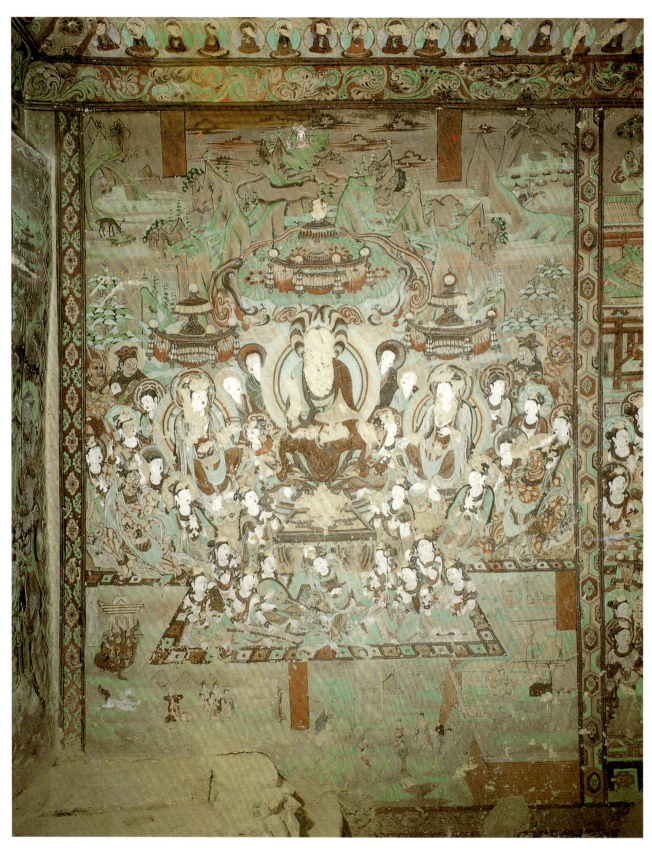

58 第112窟 北壁 报恩经变 中唐

61 第112窟 北壁报恩经变中 舞乐 中唐

62 第112窟 南壁金刚经变中 舞乐 中唐

64 第158窟 南壁涅槃变中 菩萨、弟子 中唐

65　第158窟　北壁涅槃变中　各国王子　中唐

66　第158窟　西壁涅槃変中　天王、天龙八部　中唐

67　第158窟　西壁涅槃変中　天龙八部　中唐

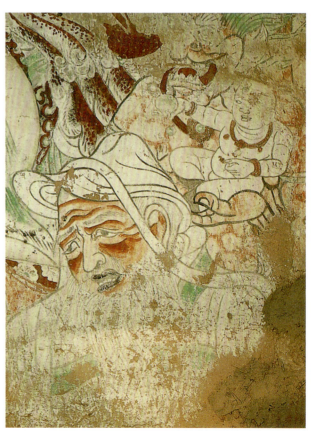

68　第158窟　西壁涅槃変中　维摩诘　中唐

69　第158窟　西壁涅槃变中　飞天　中唐

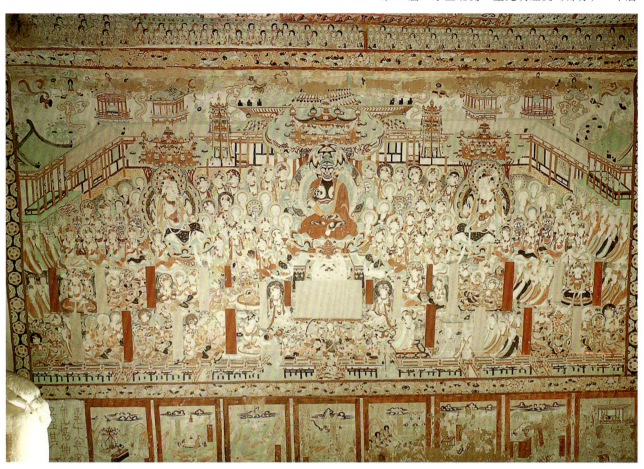

70　第158窟　东壁北侧　金光明经变　中唐

71　第158窟　东壁北侧金光明经变中　舞乐　中唐

73 第158窟 东壁南侧 天请问经变（部分） 中唐

75 第159窟 西壁 中唐

76 第159窟 西壁北側下部 五台山图 中唐

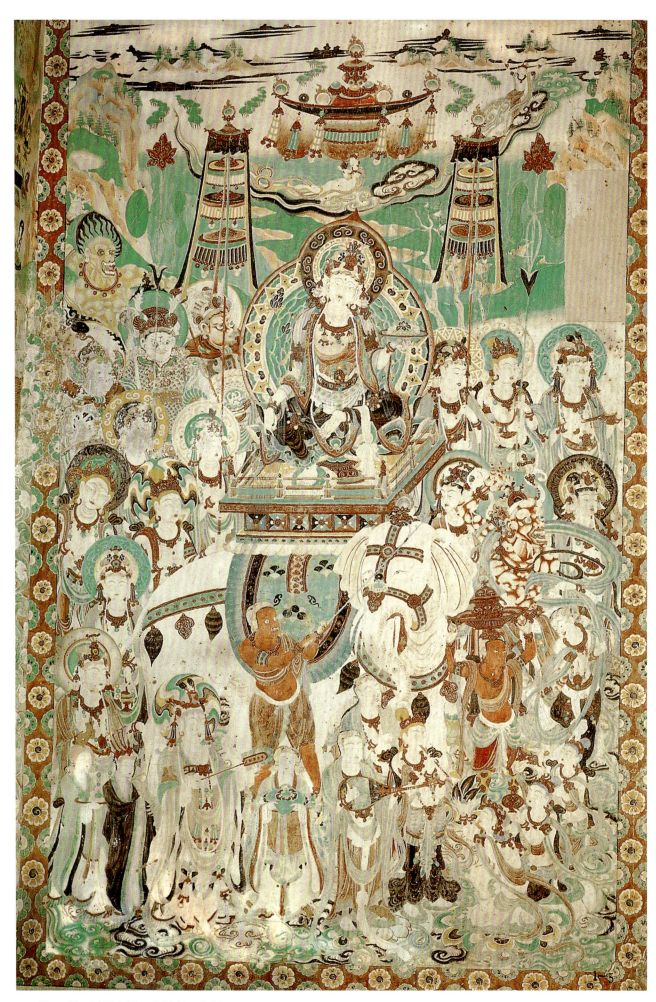

81　第159窟　西壁北侧　文殊变　中唐

83 第159窟 南壁观无量寿经变中 舞乐（部分） 中唐

84 第159窟 南壁观无量寿经变中 舞乐（部分） 中唐

86　第159窟　南壁弥勒经变中　供养菩萨　中唐

87　第159窟　东壁北侧　维摩诘经变香积品（部分）　中唐

89　第159窟　东壁南侧维摩诘经变中　菩萨　中唐

90　第159窟　东壁南侧下部　维摩诘经变弟子品（部分）　中唐

92　第159窟　西壁龛顶　化生童子　中唐

94　第154窟　南壁　金光明经变　中唐

95　第154窟　南壁　弥勒经变（部分）　中唐

97 第154窟 北壁报恩经变中 舞乐 中唐

98 第154窟 北壁报恩经变中 舞乐 中唐

100 第231窟 北壁 弥勒经变（部分） 中唐

104　第237窟　西壁龛顶西披　瑞像　中唐

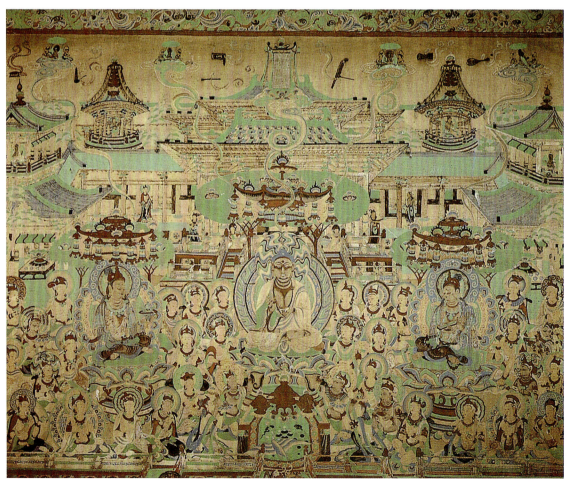

105　第237窟　北壁　药师经变（部分）　中唐

106 第237窟 西壁龛顶南披 瑞像 中唐

107 第237窟 北壁 天请问经变（部分） 中唐

108 第237窟 西壁龛顶北披 瑞像 中唐

109 第237窟 西壁龛顶东披 瑞像 中唐

110　第238窟　西壁龛内南侧（部分）　中唐

111 第238窟　西壁龛顶西披　供养菩萨　中唐

114 第468窟 西壁北側上部 飞天 中唐

115 第468窟 西壁龛下 女供养人 中唐

117　第361窟　窟室内景

118　第361窟　北壁　弥勒经变（部分）　中唐

119　第361窟　东壁南侧　千手千钵文殊　中唐

122 第360窟 东壁门上 维摩诘经变佛国品 中唐

123 第360窟 北壁 药师经变（部分） 中唐

127　第17窟　北壁西侧　近事女　晚唐

129 第17窟　北壁坛下　双鹿　晚唐

130 第220窟　甬道南壁龛下　供养人　晚唐

133 第156窟 南壁、东壁南侧下部 张议潮出行图 晚唐

134 第156窟 北壁、东壁北侧下部 宋国夫人出行图 晚唐

135 第156窟　南壁下部　张议潮出行图（部分）　晚唐

136 第156窟　南壁下部　张议潮出行图（部分）　晚唐

137 第156窟 北壁下部 宋国夫人出行图（部分） 晚唐

138 第156窟 北壁下部 宋国夫人出行图（部分） 晚唐

139 第156窟 窟顶西披 弥勒经变 晚唐

140 第156窟 南壁思益梵天问经变中 舞乐 晚唐

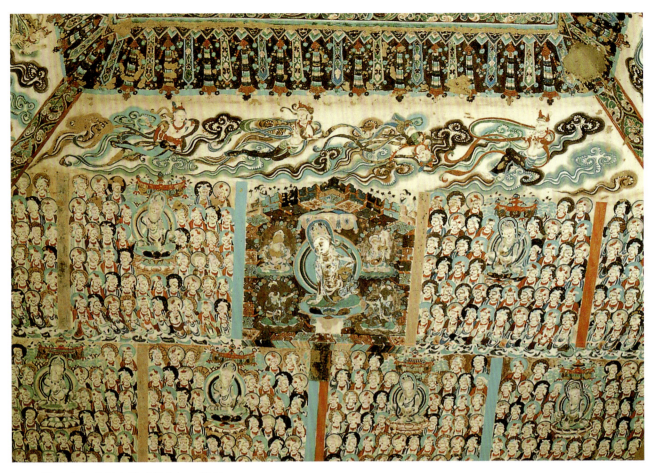

142　第161窟　窟顶南披（部分）　晚唐

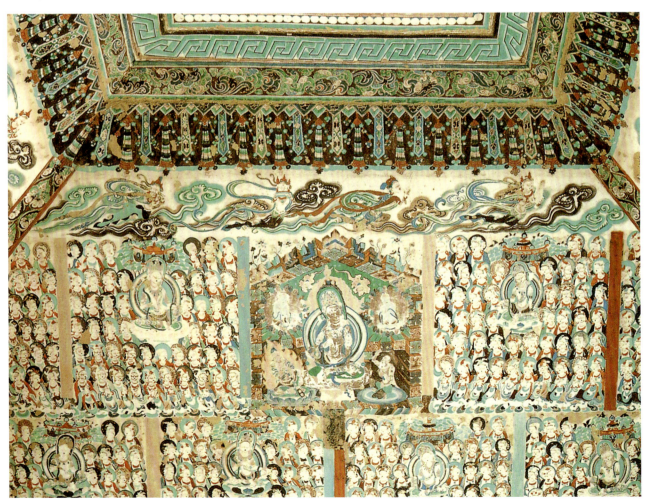

143　第161窟　窟顶东披（部分）　晚唐

144　第161窟　窟顶西披（部分）　晚唐

147　第85窟　南壁　报恩经变　晚唐

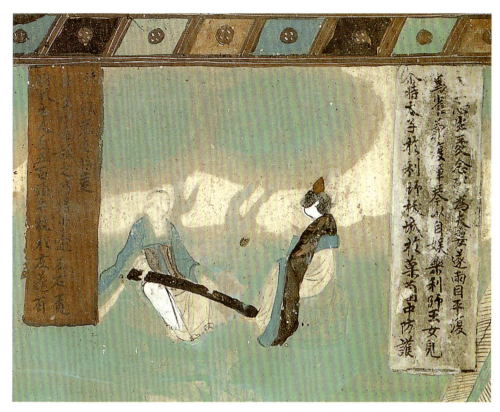

148 第85窟 南壁报恩经变中 恶友品（部分） 晚唐

149 第85窟 南壁报恩经变中 序品（部分） 晚唐

150 第85窟　北壁　药师经变　晚唐

151 第85窟　东壁门上　萨埵太子本生　晚唐

154 第85窟　窟顶南披　法华经变　晚唐

155 第85窟　窟顶东披楞伽经变中　尸毗王本生　晚唐

156　第85窟　窟顶东披　楞伽经变　晚唐

157　第85窟　窟顶东披　楞伽经变（部分）　晚唐

158 第12窟 南壁 观无量寿经变 晚唐

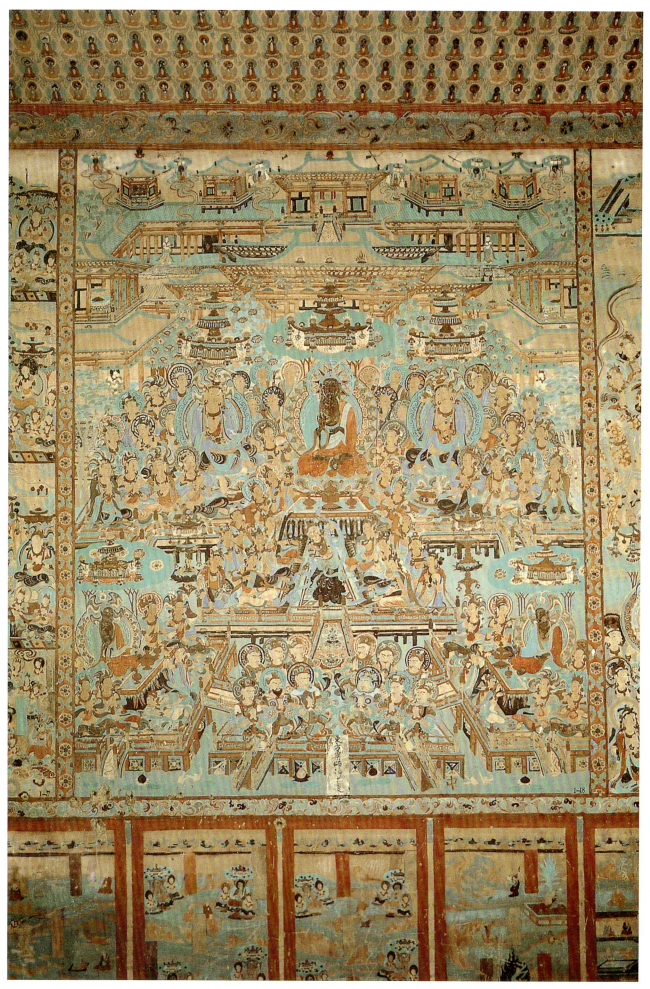

159　第12窟　北壁　药师经变　晚唐

160　第12窟　东壁门上　供养人　晚唐

161　第12窟　南壁下部　弥勒经变（部分）　晚唐

◀ **163** 第18窟 西壁龛内南侧 天王 晚唐

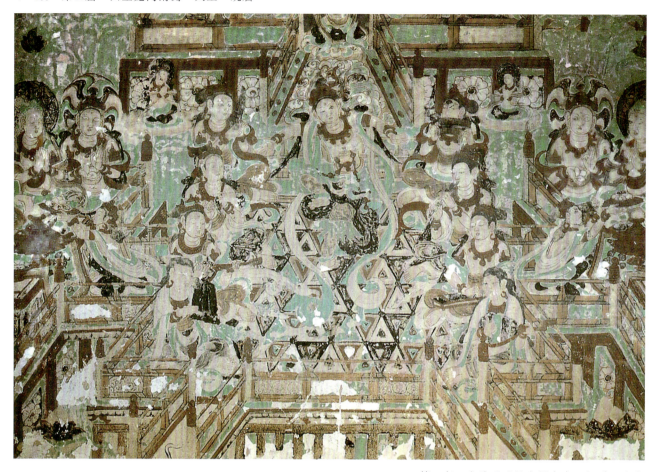

164 第18窟 南壁观无量寿经变中 舞乐 晚唐

165 第18窟 东壁南侧 维摩诘经变（部分） 晚唐

166　第20窟　东壁门上　供养人　晚唐

167　第14窟　北壁前部　晚唐

169　第14窟　南壁西侧　观音菩萨　晚唐

171　第107窟　东壁北侧下部　女供养人　晚唐

172 第107窟 西壁龕内北側 弟子 晚唐

173　第9窟　甬道顶部　晚唐

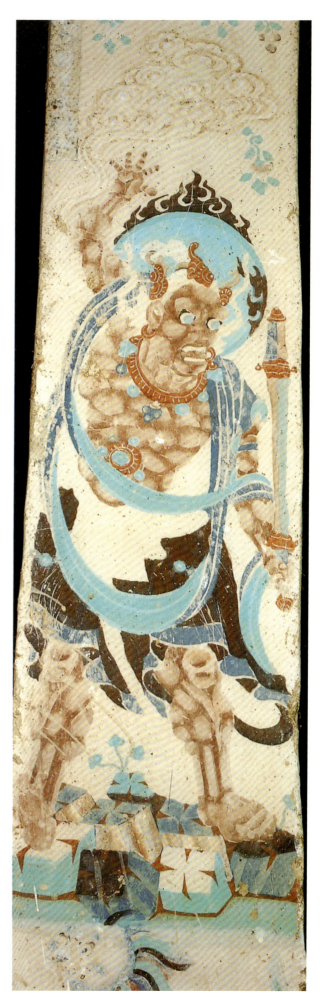

174 第9窟 中心柱东向面南侧 力士 晚唐　　　　175 第9窟 中心柱东向面北侧 力士 晚唐

176 第9窟　南壁　劳度叉斗圣变（部分）　晚唐

177 第9窟　南壁　劳度叉斗圣变（部分）　晚唐

180 第9窟 窟顶 晚唐

181 第9窟 东壁南侧下部 女供养人 晚唐

184　第196窟　西壁　劳度叉斗圣变（部分）　晚唐

185　第196窟　西壁　劳度叉斗圣变（部分）　晚唐

186 第196窟 西壁劳度叉斗圣变中 外道归依 晚唐

189 第196窟　南壁下部　大势至菩萨　晚唐

192　第138窟　东壁北侧　报恩经变　晚唐

1-15

194　第345窟　甬道南壁　供养比丘　晚唐

唐代后期的莫高窟艺术

段文杰

如本书前卷所述，河西地区于建中二年（公元781年）开始为吐蕃所统治，是划分唐代河西历史的明显界线。这以后的一段历史共一百二十六年。其间吐蕃统治六十七年（习称中唐），张议潮家族统治五十九年（习称晚唐）。藏、汉两个不同民族政权的统治，形成了莫高窟艺术的不同历史特点。本文即按照这两个时期分别对莫高窟艺术加以论述。

一　吐蕃时期——中唐

天宝十四载（公元755年），安史之乱起，唐朝政府被迫调动河、陇的精锐部队南向以定中原。河西守备空虚，吐蕃乃乘机而入。沙州守军虽奋力抵抗，在坚守十一年之后，终以众寡不敌，河西走廊全部为吐蕃所占领。

这以后，蕃、汉之间，民族矛盾相当尖锐。据敦煌石窟遗书记载，玉关驿户记国忠等七人起义，大闹沙州城，杀却监使、判咄、节儿等，就是突出的事件①。但是在压迫、反抗的同时，在人民之间也存在着团结、融合的一面。而吐蕃统治者控制这一地区以后，为了巩固自己的统治，也起用汉人和其他少数民族的上层分子为各级行政机构的官吏。详细的情况，具见于新、旧《唐书》中的《吐蕃传》和其他有关的记载。

吐蕃本来信奉佛教。在他们统治河西的时期，这里的佛教大为兴盛，寺院林立，僧尼日增。当时有十六大寺、十七大寺之称，其中多沿用中原寺名，如开元寺、乾元寺、龙兴寺、报恩寺、净土寺、莲台寺、三界寺、大乘寺、灵修寺、圣光寺、永安寺、灵图寺、金光明寺、兴善寺、普光寺等。这些寺院和内地一样，都有三纲，并有寺户和土地，不受官府管辖，享有种种特权。

当时沙州僧尼约千数百人。仅建中四年（公元783年）吐蕃放回了从这里俘虏去的将士僧尼就有八百余人②。当时沙州人口不到三万，僧尼所占比例是很大的。唐代后期敦煌名僧辈出，如一直留在敦煌的长安高僧昙旷，传授禅宗的摩诃衍，做了"蕃大德"的法成、洪䛒、悟真等。同时，吐蕃统治者还遣使到长安"求沙门之善讲者"至蕃地讲经，"至是遣僧良琇、文素二人行，每人岁一更之"③。吐蕃统治者还不断向中原求取佛经，加以翻译。名僧摩诃衍就曾将许多汉、藏文经互译流行。吐蕃和中原的关系，自唐初即相当密切，至此乃有了更进一步的发展。

吐蕃占领敦煌之前，河西走廊战争频仍，所以开元、天宝时期有一批洞窟"开凿有人、图素未就"④，成窟之后，只塑成一龛，或画成一顶，这类洞窟共有十八个，吐蕃占领敦煌之后，社会生活相对安定，这些洞窟的壁画和塑像才逐步完成。至于吐蕃时期开建的洞窟，现存约四十八个。这两类总计为六十六窟，其数量和规模都超过了盛唐时代。

吐蕃时期只有两窟有明确的建窟纪年题记：一是第365窟，此窟旧

① 敦煌石窟遗书S.1438。
② 《唐会要》卷九十七。
③ 同②。
④ 第201窟发愿文。

称七佛堂，为沙门洪辩所建，龛口坛沿藏文题记载明，赞普可黎可足在位时，阳水鼠年（公元832年）建此佛殿，阳木虎年（公元844年）秋"开光承礼"（即洞窟建成）。另一是第231窟，据窟内《大蕃故敦煌郡莫高窟阴处士公修功德记》[5]所载，为己未年，即唐文宗开成四年（公元839年）阴嘉政所建。此外的其他洞窟，根据供养人题记和画面人物形象，则可推断出相对年代。

吐蕃时期的洞窟形制主要有三种：一种为殿堂式，是吐蕃时期的主要窟形，分前后室。后室（主室）平面呈方形，覆斗顶，正壁（西壁）开一方形盝顶深龛（亦有少数为双层口龛），继承了盛唐的遗制。另一种为涅槃窟，平面呈横长方形，盝形顶，正壁下为通壁宽的佛床，佛床上塑卧佛。还有一种为隧道窟，平面亦大体呈横长方形，圆券顶，正壁下有佛床，佛床后凿通与人等高的隧道，供佛徒们旋绕念经礼佛。后两种形制为数很少，但都是大型洞窟。

为数众多的殿堂式窟，窟内布局已成固定格式，试举阴家窟（第231窟）。阴氏世为敦煌豪族，吐蕃时期兄弟数人均为吐蕃属官，因而所造洞窟规模较大而有谨严的整体设计。前室南、西、北三壁画四大天王，甬道顶画千手千眼观音变相，甬道两侧画供养人。主室覆斗形顶中央作华盖式藻井，周围飞天旋绕。四披皆居中画说法图，周围满布千佛。西壁方形深龛内，设马蹄形佛床，存塑像残迹七身。佛床下浮塑壸门。塑像身后龛壁画联屏十扇，各画萨埵饲虎、善事太子入海等本生、因缘故事。盝形龛顶饰平棊图案，四披画瑞像图计四十幅。西壁龛外帐门两侧分别画文殊变和普贤变。南壁画天请问经变、法华经变、观无量寿经变；北壁画弥勒净土变、华严经变、东方药师变；东壁门南画报恩经变，门北画维摩诘经变。每一经变下画联屏四扇，屏风内画经变诸品故事。东壁门上画阴嘉政父阴伯伦及其母索氏供养像。窟内《阴处士公修功德记》详尽而如实地记载了此窟的形制和内容[6]。

吐蕃时期的彩塑，承袭唐代前期内容，有释迦像、三世佛、七世佛，有以佛为中心并与两侧的弟子、菩萨、天王、力士等组成的群像，还有巨大的涅槃像。第158窟是吐蕃时期规模最大的洞窟。窟内佛床上彩塑释迦牟尼佛像长十六米，右胁而卧，安详若睡；面相丰腴，比例适度；通肩袈裟的衣纹随身体的起伏而变化，圆润流畅。这在敦煌大型彩塑佛像中是卓越的代表作品。围绕释迦的诸天圣众均为壁画，作各种悲伤的情态，如同《大智度论》第二[7]及《大般涅槃经·应尽还原品》[8]中所记，亦是壁画艺术的杰作。

吐蕃时期的彩塑是颇有特点的。菩萨像的造型继承了盛唐时面相丰腴、曲眉秀眼的传统，肤色莹白，亭亭玉立，逐渐摆脱了印度笈多王朝造像体态作"S"形扭曲的影响，而在典雅含蓄的动态之中表现了自然和谐的美，揭示出人物的内心活动。塑像的绘彩亦以清雅、明快的新风格取代了前期金碧辉煌的色调。其代表作如第197窟纯真稚气的形象，又如第159窟两身菩萨的含蓄、端凝，造型上进一步体现出女性化的特征。此外，服饰的塑造和描绘也十分出色。华丽精致的图案纹样与衣料的轻软质感、肢体的起伏变化以及肌肤的白皙细腻都融和在一起，互为衬托，相得益彰。

天王形象脸型宽大，白肤色，头顶束发或戴盔。盔可护面。身穿长身甲，脚登甲靴，下有地神承托。现实中的这种覆蔽周身的甲胄，强弓

⑤ 《沙州文录》.
⑥ 第231窟内容，在阴处士功德记中有详尽的记载："……贸良工，招锻匠，第二层中方营窟洞，其所凿窟额号报恩君亲也，龛内塑释迦牟尼并声闻、菩萨、神等共七躯，帐门两面画文殊、普贤菩萨并侍从，南壁画西方净土、法华、天请问、宝恩变各一铺，北壁药师净土、华严、弥勒、维摩变各一铺，门外画护法善神"，与洞窟实际内容完全吻合，展示了吐蕃时期石窟内容和结构的特点.
⑦ 《大正藏》卷25，p.66。
⑧ 《大正藏》卷12，p.904。

劲弩不能入，是精良的防身武装，其形象在第154、459窟等处均可见到。它传自于阗，与中原流行的光明鱼鳞等十三种甲颇不相同。

另一种武士装束，身披虎皮，时称大虫皮。按吐蕃制度，凡有战功者，生衣其皮，死以旌勇。例如第205窟天王，按剑而立，内着甲，外披大虫皮，以示勇武（图1）。总之，这时期的彩塑有着鲜明的时代特色和民族特色。

吐蕃时期的壁画内容，与唐代前期略同，也可以分为五类：佛像画、经变画、瑞像图、装饰图案、供养人画像。五类之中仍以经变画为主，兹分述于后。

一、佛像画

这一时期单身尊像渐少，密教神像大量增加。所见题材除药师佛、四方佛、观世音、大势至、地藏菩萨等而外，多为不空羂索观音、如意轮观音、千手千眼观音、千手千钵文殊等密宗图像，其造型一般都刻板地依照着佛经。例如，如意轮观音，戴大宝冠，六臂两足，持莲花、如意轮、念珠，等等，与不空译《摄无碍经》⑨的描写完全一致。

在这些密宗图像中，出现了两种日月神。一种为画面上方两角相对作大圆轮，画天人乘五马或坐莲花，这是西方的日天（图2）、月天。另一种为须弥山下的龙王手托小圆轮，轮中画玉兔、金乌，这是我国传统的日月神。这种现象，说明了唐代佛教艺术题材的表现上仍然存在着这种"中西合璧"的现象。

二、经变画

吐蕃占领初期，主要补画完成"图素未就"的盛唐洞窟，一般仍按盛唐时一壁一铺经变的格局。吐蕃中期，新的经变题材不断出现。从一壁一铺增加到一壁三、四铺。张家窟（第159窟）有经变九种，阴家窟（第231窟）增加到十二种。这一时期流行的经变题材有：

观无量寿经变	26铺
弥勒经变	20铺
东方药师经变	20铺
阿弥陀经变	17铺
维摩诘经变	7铺
法华经变	7铺
涅槃变	3铺
天请问经变	9铺
金刚经变	7铺
报恩经变	6铺
金光明经变	4铺
华严经变	5铺
楞伽经变	1铺
思益梵天问经变	1铺

后七种是新出现的经变。多种多样的经变题材，是天台宗判教之后宗派林立的反映，它们适应了善男信女们不同的思想和要求，也丰富了石窟艺术的内容；正如《张淮深碑》中所说："四壁涂诸经变一十六铺，参罗万象，表化迹之多门；摄相归真，总三身而无异。方丈室内，化尽十方，一室之内，宛然三界。"

《报恩经》在经目中虽列后汉录而失译人，但通观经文似撷取各经

图1　第205窟佛坛北侧天王像

图2　第384窟日天

⑨　《大正藏》卷20，p.131。

163

图3 第85窟南壁报恩经变论议品
（部分）

图4 第85窟南壁报恩经变亲近品
（部分）

而成，主题在宣扬与儒家相一致的忠孝思想，当是所谓"伪经"，也就是中国人自己纂辑编造的经文⑩。

新出现的经变中，报恩经变的内容最丰富，除了居中的序品佛说法场面和下部中间婆罗门子肩母乞食之外，一般都在经变四角布置恶友品、孝养品、论议品、亲近品的四个主要故事。恶友品（善事太子入海故事）、孝养品（须阇提太子本生）均在敦煌早期石窟里以独立的故事画形式出现过。论议品主要描写鹿女故事。故事说，鹿女由仙人抚养成人，被国王聘为夫人，进宫后生一莲花（图3），国王以为不祥，弃置池边。一日，国王在池边发现莲花五百叶下各有一童男，大喜，将五百童男分与五百夫人抚育。五百童男长大后俱有勇力，不动干戈而国土安稳。最后，五百太子又全部出家，成为"辟支佛"。这一故事宣扬了人生如幻如化、如水中影的教义。画面上的宫室、衣冠等等，全部是中国的样式。

亲近品描写坚誓狮子的故事。故事说，狮子名坚誓，毛金色，亲近比丘，常听诵经说法。一猎师为求爵禄，诱杀金毛狮子坚誓（图4），剥皮献给国王。国王听说以后，暗自思忖，以为若将爵禄赐给这一恶人，则是与此人同为恶事。因此，国王处死猎师，火化狮皮，起塔供养。这一故事宣扬了改恶向善和"忍辱度无极"的思想，同时也对伪善者作了斥责。

金光明经变也是吐蕃时期出现的新内容之一，其结构形式与观无量寿经变相同，中为佛国法会，两侧纵列故事画。《金光明经》共有十九品，其中主要故事一为舍身品，内容与早期的萨埵太子本生无异；一为长者子流水品，所述流水长者子救鱼故事在北周末隋初曾以独立的故事画形式出现于窟顶，现在这两品均以竖构图条幅形式分列经变的两侧。

《华严经》是唐代兴起的华严宗所奉持的主要经典。华严经变在吐蕃时期开始出现，经中有"七处九会"，计有：寂灭道场会、普光法堂会、忉利天会、夜摩天会、兜率天会、他化天会、普光法堂重会、普光法堂三会、逝多林会。这九会在画面上整齐地排列成三行，都是说法场面。最下面画大海，名香水海，也就是"莲花庄严世界海"。海中一朵大莲花，海的四周云彩围绕，并有各种各样小车轮、房屋、山峦、乐器、工具等形象，大概就是《华藏世界品》里说的作须弥山形、江形、回转形，或作旋流形、楼阁形等等。总之，华严经变与天请问经变、楞伽经变等一样，多属抽象的哲学和神学概念，缺少具体的故事情节和生动的形象，因而在艺术表现上显得贫乏、形式单调。

维摩诘经变在这个时期已有所发展，除了在屏风画内增加了弟子品、方便品诸内容外，最明显的特点是维摩诘帐下的各国王子群像，画成了吐蕃赞普礼佛图。赞普戴红毡高冠，穿左衽长袍长靿乌靴，束腰带，佩长剑，侍者张曲柄伞盖，前有奴婢燃香，后有武士随从，俨然君主。各族王子则退居次要位置，成为赞普的陪衬。这一组人物与壁画另一侧文殊座下的帝王图，形成了分庭抗礼的形式。大中二年张议潮收复河西之后，吐蕃赞普的形象即从壁画中消失。这种变化，正是当时河西地区的社会政治局面在宗教艺术上的直接反映。

这时窟室壁面的壁画布局，上部为若干铺大幅经变，下部则多数洞窟都是栉比排列着为数众多的屏风画。屏风画的内容多为上部经变各品中的故事，其中也有独立的本生故事和佛传故事。还值得注意的是，文

⑩ 详见本卷李永宁《报恩经和莫高窟壁画报恩经变》。

殊变和普贤变的下方出现了小型的屏风画五台山图，五峰耸峙，道路通连，是构图完整的青绿山水（例如第159窟西壁下部）。此图的出现当在长庆四年（公元824年）吐蕃遣使者求五台山图⑪之后。

前述第158窟，以壁画和彩塑相结合的形式，显示了敦煌涅槃变相的最高水平，不仅规模巨大，而且刻划细腻。卧佛背后西壁上画诸天龙诸学人等举哀，南壁画十大弟子举哀，北壁画各国王子举哀，众多的人物，大都画成等身大小；同是举哀，其相貌、动态和神情却各有特点，无一雷同，描绘出许多具有个性和独特内心世界的人物形象。与此同时，这样丰富多采的艺术表现，又完全服从于一个统一主题的需要。众人狂热的悲痛与卧佛的沉静安详鲜明对照，相反相成，表现出佛入涅槃的崇高境界，整个洞窟的中心思想正是"寂灭为乐"。

三、瑞像图

这是中唐晚期出现的崭新题材。洞窟内正龛盝形顶的四披，原来图绘药师佛像，至开成四年（公元839年）阴嘉政建造第231窟及第237窟时，代之以瑞像，共计三十七图。瑞像图的排列是有整体设计的，其中大部分来自天竺、尼婆罗、犍陀罗等外国的佛教传说。唐初王玄策的《西国行传》中说："西国瑞像无穷"（《法苑珠林》）。玄奘在他的《大唐西域记》里也颇有记载。这些画像也有不少来自于阗、张掖、酒泉等地。外国的，如鹿野苑瑞像，画佛像结跏趺坐，着通肩大衣，座下有轮形莲花，花中有佛足迹，双足均有轮相，墨书榜题"中天竺波罗奈国鹿野苑中瑞像"。天竺瑞像，画一善跏坐白佛，榜题为"天竺国白银弥勒像"。中天竺瑞像，为重头菩萨坐像，座前现二半身菩萨像，榜题为"中天竺摩伽陀放光瑞像"。弥勒像，画菩萨五臂，上举二臂捧日月，中二手持矩，榜题"弥勒菩萨随释迦来滥城□"。"指日月像"（图5），画一正面立佛像，右手上举，手上有日轮，中画三足乌；左手下垂，手下有月轮，中有桂树玉兔，榜题"指日月像"。阿育王造塔瑞像（图6），画一巨手遮蔽日光，下面小塔数座，无榜题，较晚的五代壁画中有榜题："阿育王建八万四千塔"⑫。还有尼婆罗瑞像（水火池传说）、犍陀罗双身瑞像⑬。双身瑞像下面的二贫士，均红毡高帽，左衽长袍，为吐蕃装。

有关于阗的有：于阗媲摩城中彫檀瑞像、于阗海眼寺释迦圣容、于阗坎城瑞像、于阗国舍利弗毗沙门天王决海⑭。后者画一水面，两岸有舍利弗、毗沙门各以锡杖、长枪刺海。海上莲花盛开，佛像坐莲花上浮游。上部画一城，一侧画小塔，表现佛命二弟子决海变陆于此立国、建城、造塔寺的故事。在描绘上具有连环故事画的情节性表现特点。

关于河西的瑞像有张掖郡佛影像、酒泉郡释迦牟尼像、番禾县圣容像等，后者即北魏高僧刘萨诃神异事迹。这种佛教瑞像形式，首先是由外国传入，与我国传统的祥瑞和谶纬不免有某种程度的结合，所宣传的佛教感应思想在我国广为流行。与此同时，也创造出不少中国本土的佛教瑞像，这亦是佛教从各方面不断地中国化的表现。

四、装饰图案

吐蕃时期，在经变画大量增加的情况下，洞窟内部的整体布局愈显重要，逐步形成了以边饰组成窟内的框架结构，并镶饰各铺经变，使其排列有序的做法，其整体效果具有均衡齐整、统一和谐的美。

洞窟内装饰的中心仍是藻井，其次是背光和龛顶平棊等。在龛内出

图5　第237窟西壁龛顶指日月像

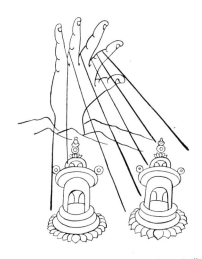

图6　第237窟西壁龛顶阿育王造塔瑞像

⑪　《旧唐书》卷一百九十六《吐蕃传》。

⑫　《大唐西域记》卷八摩揭陀国上："无忧王（阿育王）既开八国所建诸窣堵波，分其舍利，付鬼神已，谓罗汉曰：'我心所欲，诸处同时藏下舍利。心虽此冀，事未从欲。'罗汉白王：'命神鬼至所期日，日有隐蔽，其状如手，此时也，宜下舍利。'王承此旨，宣告鬼神。逮乎期日，无忧王观候光景，日正中时，罗汉以神通力，伸手蔽日，营建之所咸皆瞻仰，同于此时功绩咸毕。"

⑬　见本卷孙修身《莫高窟的佛教史迹故事画》。

⑭　同⑬。

165

图7　第359窟北壁男供养人

现屏风画以后，塑像的背光、头光便逐渐消失。

装饰纹样与前期略有不同，主要有：莲荷纹、石榴纹、茶花、团花、回纹、菱纹、方胜纹、云头纹、垂角纹、圆环联珠纹、雁含威仪纹、双凤衔花纹以及鹦鹉、孔雀、家鸽、蹲狮、共命鸟、迦陵频伽等。特别是衣饰上的各种丝织纹和缬染纹，丰富多采，绘染精湛，给唐代后期的装饰图案增添了新的光彩。

唐代后期藻井结构严谨，各种边饰多达十余层。方井中多置有如旋转着的卷瓣莲花，花中出蹲狮，大约为"优昙现狮"之意。四角有鹦鹉、孔雀和鸽子飞翔歌舞，边饰中有富于立体感的绿色回纹，打破了华盖的平面感。以上的表现形成后期藻井的显著特色。

边饰纹样中以石榴卷草纹最为突出，其自然延展，有时长达数丈，甚至绕窟一周。它以不甚规则的单位，反复变化，组成波状起伏的运动。石榴树变形而成了卷草，以象征手法将石榴籽显露在皮外，叶片的舒卷像激流中的漩涡，也像天空中变化莫测的云彩。色调清淡、淳和、温馨，给人以抒情诗一般的美感。

五、供养人像

吐蕃占领初期，供养人像极少，中期逐渐增多，出现了巨大的高僧像，如第158窟门侧，有高近二米的僧侣像四身，榜题："大蕃管内三学法师持钵僧宜"。僧侣画像的增大，可能与吐蕃僧侣参政、僧侣地位提高有关。晚期供养人超过盛唐，且常将窟主画像置于东壁门上，面向正龛主尊遥相礼敬，并显示窟主的特殊身份。

第231窟为敦煌豪族阴嘉政于开成四年建成。门上一组供养像，女像饰抛家髻，穿缬花衫，长裙帔帛。题名"亡慈妣唐敦煌录事孙索氏同心供养"，为阴嘉政的母亲。男像，幞头靴袍革带，题名："亡姈君唐丹州长松府左果毅都尉改"，为阴嘉政的父亲阴伯伦。

第359窟亦是中唐晚期的窟，供养人像绕窟一周，北壁男像，头戴红高冠，身穿左衽袍，脚登乌靴，全着吐蕃装（图7），榜题字迹不清，不知是吐蕃人还是穿吐蕃装的汉人。南壁女像，衫裙帔帛，全为汉装。第225窟有吐蕃装男像，题名"王沙奴"，形象真切，线描流动，很有生气。第220窟门道新发现的小龛西壁有供养人二身，男着吐蕃装，女着汉装。但总的来说，当时供养人像中，着吐蕃装的毕竟极少。这与《张淮深变文》所说当时河西"独有沙州一郡，人物风华一同内地"的记载[15]是一致的。当是社会生活情况的真实反映。

二　张议潮家族时期——晚唐

沙州为吐蕃统治以后，吐蕃族的劳动人民与汉族及其他少数民族人民之间，阡陌相连，命运与共，出现了"义同一家"[16]的和睦景象。但是吐蕃奴隶主的残暴统治，却给各族人民带来了深重的灾难。沙州的百姓曾多次举行过反抗斗争。龙舌张氏，世为大族，乃乘机于大中二年（公元848年）登高一呼，率众起事，占领敦煌、晋昌，自领州事，并修缮甲兵，既耕且战。唐朝中央政府于大中五年（公元851年）遣使至河西，设立归义军，以张议潮为节度使[17]。咸通二年（公元863年）张议潮终于克复凉州，打通了通向长安的道路。

张议潮统治河西，维护国家统一，沟通中西交通，发展农业生产。咸

⑮ 敦煌石窟遗书P.3451（《敦煌变文集》卷一，人民文学出版社1957年版）.

⑯ 《资治通鉴》卷二百一十三，开元十八年.

⑰ 《旧唐书》卷十八《宣宗纪》、《新唐书》卷二百一十六《吐蕃传》下. 敦煌石窟遗书P.3633.

通七年（公元866年）张议潮赴长安入朝，其侄张淮深继守河西，政绩也很突出。前后四十年间，已接近恢复了唐代前期的繁荣局面⑱。然而好景不长，不久即出现了这一家族内部的权力争夺。大顺元年（公元890年），议潮女婿索勋杀张淮深一家，乾宁元年（公元894年）议潮十四女引军灭了索勋，立议潮孙张承奉为节度使。天祐二年（公元905年），唐朝将亡，张承奉建"西汉金山国"，自称"白衣天子"。五代后梁乾化元年（公元911年），这一割据政权又投降回鹘，与回鹘结为父子之国。不久，贞明五、六年（公元919～920年），张承奉卒，政权乃转移到曹氏家族手中。

张氏家族笃信佛教，尊礼名僧。汉僧洪䛒、慧菀，吐蕃僧法成等，都受到优待。这一家族不仅控制了政权，同时也控制了神权。在这种情况下，石窟的大量兴建也就是必然的事情。在大中以后的六十余个唐代洞窟中，有确切纪年题记证明属于张议潮家族时期建造的有：

大中五年（公元851年）洪䛒建第16、17窟

咸通年间（公元860～874年）翟法荣建第85窟

咸通六年（公元865年）张淮深建第156窟

咸通十年（公元869年）索义䛒建第12窟

咸通十二年（公元871年）奴婢母及女喜和等建第107窟

大顺至景福年间（公元890～893年）张承奉建第9窟

景福至乾宁年间（公元892～898年）何法师建第196窟

光化、天祐年间（公元898～907年）张承奉母阴氏建第138窟

天复三年（公元903年）建第192窟

天祐三年（公元906年）建第468窟

根据敦煌石窟遗书和供养人题记能推断出相对年代的洞窟尚有不少，但仅就以上这些纪年题记，已可把张议潮时期的洞窟时序标志得十分清楚，从而为研究它们的前后关系和风格演变过程提供了方便的条件。

张议潮时期的洞窟形制主要有三种：

一种是中心佛坛式，有较宽较长的甬道，主室平面呈方形，中央设佛坛，环绕佛坛四周有通道。佛坛前有登道，后有背屏。坛上起马蹄形佛床，佛像列置在佛床上，佛床四周原有栏杆。背屏直通窟顶，有如宫廷或寺院殿堂建筑中的扇面墙，在洞窟里形如佛座背靠。这种洞窟形制模仿了当时寺院建筑的形式。洪䛒所建的第16窟是最早一例，为晚唐的大型洞窟之一。

另一种为方形深龛式，与吐蕃时期方龛窟相同，为数最多，多为小型窟。

还有一种为中心龛柱式，形状与莫高窟早期中心塔柱窟相似，洞窟主室平面为长方形，前部覆斗顶，后部平顶，中央置方柱。方柱正面开方形盝顶深龛，龛内三壁画屏风，下有马蹄形佛床，实际上是把通常在洞窟正壁的深龛移到了中心方柱的正面（东向面）。这种形制仅第9、14窟等寥寥数例，实际上就是《腊八燃灯分配窟龛名数》上所谓的刹心内龛⑲。

张议潮时期的彩塑，大体继承了吐蕃时期的题材和风格。龛内多为小型塑像，一铺七身或九身。而中心佛坛上的塑像，则规模超过吐蕃时期。索勋所建第196窟佛坛上塑释迦牟尼结跏趺坐于金刚宝座，后靠背

⑱ 《陇西李氏再修功德记》。

⑲ 金维诺《敦煌窟龛名数考》，《文物》一九五九年第五期。

屏，背屏上画菩提树。迦叶、阿难二弟子侍立左右。观音、势至二菩萨均作游戏坐，安祥自若。此外北侧尚存北方天王一身。北侧游戏坐菩萨造型丰厚壮硕，高达2.65米，显示出敦煌彩塑圆塑技法已臻成熟。

高僧塑像始于张议潮时期，是晚唐彩塑的新题材。第138窟前室有僧窟，内塑禅僧像，银脸，着田相袈裟。大中五年第17窟中的洪䛒禅定像，面如俗人，神采奕奕，身裹山水衲，是彩塑肖像中的杰作。其身后北壁上画菩提双树，树上挂经包、水瓶，树下近事女及比丘尼各执团扇、手巾分立左右。

张议潮时期的壁画主要有下列几类：经变画、密宗图像、瑞像图、装饰图案、供养人画像和故事画，仍以经变画为主。

一、经变画

除继承吐蕃时期的经变外，晚唐又出现了一些新的内容。现将所有的经变列示如下：

东方药师经变	30铺
观无量寿经变	22铺
弥勒经变	18铺
阿弥陀经变	16铺
天请问经变	10铺
法华经变	9铺
报恩经变	9铺
华严经变	9铺
金刚经变	8铺
维摩诘经变	5铺
金光明经变	4铺
楞伽经变	3铺
思益梵天问经变	2铺
报父母恩重经变	1铺
劳度叉斗圣变	3铺
降魔变	2铺
楞严经变	1铺
密严经变	1铺

其中自报父母恩重经变以下的五种为新增添的内容。经变题材日益丰富，一窟之内竟有十六、七种之多。例如咸通六年（公元865年）完成的第156窟，是张淮深为其叔父歌颂功德而建造的。这个河西统治者张家的功德窟，在晚唐窟中具有代表性。此窟前室顶部已残，现存降魔变和报父母恩重经变。主室覆斗顶四披分别为楞伽经变、法华经变、弥勒经变、华严经变。西壁帐门两侧为文殊变、普贤变。南壁为金刚经变、阿弥陀经变、思益梵天问经变。北壁为天请问经变、东方药师经变、报恩经变。东壁为金光明经变、维摩诘经变。

张承奉建造的第9窟布局颇有特色。覆斗顶仅东披为弥勒经变，余三披均用来描绘华严经变。东壁两侧画文殊变和普贤变，在南西北三壁绘制了三幅通壁巨型经变：劳度叉斗圣变、金刚经变和维摩诘经变。

晚唐出现的新经变中，以劳度叉斗圣变最富有时代特色。这一经变是以《贤愚经》卷十《须达起精舍品》[20]为依据的（纸本有的称《祇园因由记》，有的称《祇园图记》）。这一题材的出现最早见于西千佛洞

[20] 《大正藏》卷4，pp.418~421.

隋代第10窟，惜已残破较甚，现在仅依稀可见狮子啮牛、金刚杵碎山、大风拔树、金翅鸟斗毒龙等场面。其次为莫高窟初唐垂拱二年（公元686年）第335窟龛口内两侧的劳度叉斗圣变，此图舍利弗与劳度叉两个主体人物之间的斗争已经形成，但结构不完整。到张议潮时期才出现了具有完整结构的巨型经变。

图8　第9窟南壁劳度叉斗圣变（部分）

晚唐的劳度叉斗圣变以第196窟和第9窟的两幅为最完整。故事发展的经过，如舍利弗与须达沿途寻觅建园的地方、大象驮金、黄金布地等都画在下边和两上角，中部画波期匿王及侍臣正坐在华盖下观看斗法。画面以宏大的篇幅展现舍利弗与劳度叉之间以种种神通变化而进行着的斗争。对阵的双方，舍利弗居左侧，劳度叉居右侧。故事说：劳度叉化作一树，枝叶繁茂；舍利弗作旋风，吹树拔根。劳度叉化作七宝池；舍利弗化六牙白象，以鼻吸水，池水干涸。劳度叉化作一山，上有泉池树木；舍利弗化作金刚力士，以金刚杵一指，山即泯灭。劳度叉化作一龙，有十头，作雷电雨宝振动大地；舍利弗化作金翅鸟王，裂而啖之。劳度叉化作一大牛，奔突前来；舍利弗化作狮子，吞食此牛。劳度叉化作夜叉鬼，赤目长牙，口喷火焰；舍利弗化作毗沙门天王，夜叉恐怖欲退，但三面火起，无路可走，惟有舍利弗一面清凉无火。外道们即时屈服，哀求饶命。以上六个回合的斗争，每一回合舍利弗都取得胜利。画面描绘出了劳度叉的惊惶失措和焦急的心情，从而也衬托出舍利弗的泰然自若。壁画作者没有逐一罗列斗争的每一回合，而是抓住了最适合形象表现的场面来刻划经变的主题。全画巧妙地利用风神解开风囊这一情节迅速地展开，一场旋风吹向劳度叉一边，使草木随风倾倒，烈火顺风延烧。大树被拔起，金鼓被刮倒。劳度叉的宝座摇摇欲坠，徒众打桩曳绳架梯，勉力撑持。外道们被风吹得愁眉苦脸，狼狈不堪，终于相继投降，来到舍利弗的一边（图8），剃发出家，皈依佛法。一场风，将这场神力之争的过程和结局形象鲜明地显示出来，给人以深刻的印象。这是古代画家的卓越成就之一。

楞伽经变是以《大乘入楞伽经》[21]为依据的，虽然经中主要讲的是哲学、神学，但在譬喻中却也有一些生动的画面。在壁画上，中心为楞伽佛会，四周围绕六十多个场面。如画一屠夫，掌案卖肉，案下有狗啃骨头，以说明《断肉食品》中"将犬马人牛等肉，为求利故而鬻之，如是杂秽，云何食之"。又如画一人戴幞头着赭袍于镜前照视，以说明《集一切法品二之二》中"譬如明镜，无有分别，随顺众缘，现诸色相"。哲理和神学的抽象内容因使用比喻形式而具体化，又通过绘画加以图解，就容易被信徒所接受。

唐代少见的经变——降魔变，在咸通六年（公元865年）的第156窟前室顶部出现了。构图虽与早期相似，但人物的容貌衣冠都已变化。魔王成为中原冠服的老将军，魔女都似汉族嫔妃。三魔女歌舞齐施，企图动摇释迦的情志。释迦施展神通，美女顷刻变成了三个枯瘦老丑的妇人。魔王震怒，指挥部下向释迦进攻，但释迦周围有莲花卫护，兵刃不入。最后魔王冠坠靴脱，狼狈不堪。壁画形象与《破魔变文》[22]的这番描写完全吻合。

晚唐经变画，内容增多了，如法华经变榜题增加到94方，维摩诘经变榜题增加到50余方；既增加了大量反映现实生活的场面，也增加了许多含义抽象的说法相。结果，往往造成画面拥塞、庞杂、零乱，反而不

[21]　《大正藏》卷16，p.587.
[22]　敦煌石窟遗书P.2187、S.3491（《敦煌变文集》卷四，人民文学出版社1957年版）。

如唐代前期经变主题鲜明、结构精练、气魄雄伟。

二、故事画

独立的故事画在唐代前期大乘教净土思想流行的百余年间一度中断，吐蕃占领之后，又以屏风画的形式再度出现，内容仅有善事太子入海、萨埵太子饲虎等二、三种，且画在龛内塑像身后的龛壁上，仅仅起到补壁的作用。张议潮时期，在个别洞窟（第85窟）里出现了以《贤愚经》为依据的屏风故事画。其中如海神难问船人品、恒伽达品、七瓶金施因缘、金天品、散檀宁品等近二十种是在敦煌壁画中第一次出现。

"散檀宁因缘"画波罗奈国中有仙人山中学道，时值天旱，国中人多饥饿。有一长者名散檀宁，设食供养前来索食的一千"快士"和一千"残废人"，并派五百人为其作食。日久，此五百人颇有怨言。一日，仙人告诉长者，天将下雨，应即耕种。长者即令诸人播种谷物。不多时所种谷物尽变为瓜，成熟后劈开，中间满贮麦粒，收获盈仓，复有剩余分给亲族和全国百姓。五百作食之人见善有善报，乃生改悔之心。仙人听其改悔。最后五百人皆成罗汉。这幅画下部已残，上部尚保存部分情节。

三、密宗图像

唐朝后期，密宗图像大量出现。初唐曾出现数幅十一面观音像，后又曾以绘塑结合的方式出现于盛唐末大历十一年（公元776年）前后的第148窟，吐蕃时期逐渐增多，张议潮统一河西之后则蔚为大观。第161、54、14等窟绘满了唐密[23]图像。第161窟的观音像，姿态妩媚，构图自由，别具一格。第14窟排列着成铺的千手千眼观音、千手千钵文殊、如意轮观音、金刚杵观音、十一面观音等。这些尊像都有随从眷属，上部画飞天，四角画四天王及菩萨，下部有婆薮仙、功德天及忿怒明王。观音菩萨结跏趺坐在莲座上，十一面，有慈悲相、忿怒相，每面各于身上生四十手，每手掌中有一慈眼，手中持轮宝、杵、斧、索、戟、剑等诸法器。莲座下为须弥山，山上悬日月，山腰下缠双龙，山下碧波荡漾。画面上的各种人物神态不同，别有一种神秘境界。

观音经变中的十一面观音，六臂，两侧画各种不枉死。

唐代后期的唐密尊像，造型富于舞蹈性，特别是菩萨，宝冠巍峨，璎珞严身，舞姿优美，手式灵巧，罗裙透体，天衣飘扬，体态略带妖冶。这种新的造型特点，显然包含有来自印度的影响，这与"开元三大士"[24]来长安传播密教，特别是不空三藏游化河西是分不开的。

四、瑞像图

张议潮时期瑞像图继续有所发展。以前曾经出现过的佛教史迹故事与瑞像结合在一起形成了复杂的构图。这些图像大半画于甬道顶部。甬道中间的平顶画佛教史迹故事，如尼婆罗水火池、一手遮天（阿育王造塔）、毘沙门天王决海，以及西晋石佛浮江、东晋高悝得金像和晚唐新出现的牛头山[25]等，合成一铺。两侧的斜披画单身瑞像，为数众多，排列整齐。上述壁画的艺术水平已远不及唐代前期。

五、供养人画像

这一时期的供养人画像有很大的发展，这是与当时豪门世族的统治密切相关的。当时的河西地区，南阳张氏、广平宋氏、陇西李氏、钜鹿索氏、亳州曹氏等大族，互为姻亲，盘根错节，形成了一个世袭的统治集团。他们控制政权兼而控制神权，把持寺院，百姓出家也要他们批准

[23] "唐密"指从中原地区传到河西的密宗佛教，有别于"藏密"。

[24] 唐开元年间印度僧人善无畏、金刚智、不空先后来到长安传播密教，人称"开元三大士"。

[25] 牛头山，即牛角山，见《大唐西域记》卷十二瞿萨旦那国："王城西南二十余里，有瞿室㵪伽山，唐言牛角，山峰两起，岩隒四绝，于崖谷间建一伽蓝，其中佛像时烛光明。昔如来曾至此处，为诸天人略说法要，悬记此地当建国土，敬崇遗法，遵习大乘。"

发给度牒。他们自己出资造窟，图形于窟中为供养人像；僧侣们也为他们歌功颂德，为之画像。第85窟的张议潮像、第196窟的索勋像，就属于后一种情况。

图9　第156窟南壁张议潮出行图（部分）

当时的供养人像，往往一窟内不止一人一家，甚而祖宗三代、姻亲眷属都依次排列在一起。如第156窟东壁门上有张议潮一家、其兄张议潭一家和他们的父母，以及僧尼。虽然第138窟甬道张承奉等画像，题名已漫漶，主室内女供养人却极清楚，自张承奉夫人阴氏、媳妇、姪女、孙子，以及出家为尼的姊妹，同列一窟。供养人画像已不仅是向佛表示虔诚供养，而是列家序谱，光耀门庭。一般甬道两侧为男像，戴幞头，着赭袍，腰缮笏如朝廷官贵。室内则为女像，头束高髻，身穿衫裙帔帛，是上层社会的妇女。随从的奴婢则形象卑小，衣饰简朴，与功德主对照之下显示尊卑贵贱之别。

位于第156窟南北两壁下部并延展到东壁下部的张议潮夫妇出行图是唐代供养人画像中最杰出的两幅作品。每幅画中人物一百有余，场面宏伟，结构严谨。南壁榜题全文是"河西节度使检校司空兼／御史大夫张议潮统军□／除吐蕃收复河西一道〔出〕行图"。画面西起画骑士击大鼓，吹画角，两厢有全身盔甲的持戟将士，其中有的是少数民族。随后是"营伎"，乐队十人，演奏琵琶、箜篌、箫笛、腰鼓、大鼓等，应属唐代的立部伎。舞伎八人，分列两行，分着汉装和吐蕃装，挥袖起舞，统一和谐。其后是二骑士持旌节（图9），表明节度使的身份。桥头上则有两排持刀卫士，戴缬花帽，穿裋衣、白袴、乌靴，腋下持陌刀，榜题"银刀官"，大概是唐代的行军仪仗队。画面中部的张议潮，戴幞头，着赭袍，乘白马，正在扬鞭过桥。把主人公置于过桥这一特殊的环境中，适合于显示其身份地位，从而突出了主题㉖。张议潮身后有一群侍从奴婢，榜题所示还有"子弟军"、和"磨牙"。最后为狩猎队和载运生活用品的驼、马。

在北壁与此相对称的是张议潮夫人出行，榜题称"宋国河内郡夫人宋氏出行图"。西起，画的前头为唐代散乐载竿（图10），乐队四人，一人吹横笛，一人拍板，一人背大鼓，一人擂击。另一健壮伎人，头顶长竿，四小儿于竿上作戏，演出种种惊险动作。接着是音乐舞蹈，乐队七人，各持竖笛、琵琶、腰鼓等；舞伎四人围成方阵，挥袖起舞。其后一白马挽车，榜题为："司空夫人宋氏行李车马"。下方有二骑士纵马奔驰，往来传讯（图11）。行李车后有三乘方亭式肩舆，榜题为"小娘子担舆"，大约为宋氏之女所乘。其后又有白马挽车，榜题为"坐车"，或为宋氏的备用车。中部画夫人宋氏头饰花钗，穿大袖裙衫，骑白马。身后一群骑从，捧奁，执扇，抱琴，持镜，均为侍从奴婢。最后是纵犬追猎的骑士，有驮酒瓮的骆驼，有备好鞍辔的诞马。这幅画充分反映了贵妇人出行时的豪华奢靡。

张议潮夫妇出行图是反映现实生活的历史人物画，具有完整的构图，其形式继承了汉代以来墓室壁画及画像石的传统，它的内容与佛教无直接关联，因而是赞颂英雄人物的现实主义壁画杰作。

三　结　语

总起来看，唐代后期的艺术出现了不少与前期不同的特点。若论雄

㉖　此手法应对前人有所借鉴，见《图画见闻志》卷五所记吴道子、韦无忝、陈闳合作《金桥图》。

图10 第156窟北壁宋国夫人出行图（部分）

图11 第156窟北壁宋国夫人出行图（部分）

图12 第159窟西壁北侧文殊变（部分）

图13 第159窟东壁南侧维摩诘经变弟子品

浑健康、生气蓬勃，唐代后期显然不如前期，但是后期艺术是在前期的基础上发展起来的，在某些局部的方面仍有超越前期的成就。例如吐蕃中期的壁画，以线描表现质感，构图严密紧凑，性格刻画深刻细腻，形成了细密精致而秀丽的风格。特别在大型人物画的造型上，如第158窟的涅槃变，笔力雄健，神采飞扬，突破了前期的规范，取得了新的成就。总的来说，张议潮时期，壁画内容增多，意境却不很丰富，经变结构的公式化也日益明显，但是像张议潮夫妇出行图这样的作品，也还是前所未有的杰作。

具体来说，唐代后期经变画的构图，基本上继承了前期的几种形式。吐蕃时期又出现了屏风画这一新形式。壁面下部的屏风画内，图绘故事，与上部的整铺经变紧密配合，这种布局一直延续到宋代。

线描也在不断变化，前期气势磅礴的兰叶描，逐渐转向精细柔丽。一般先用淡墨线起稿，再赋彩，最后以浓墨线或土红线定形。运笔宛转自如，潇洒流畅。无论面庞的莹润、肌肤的细腻、飘带的柔软，无不凭借描绘物体质感的纯熟技艺而得到了充分的表现。

色彩上的变化更为显著。天宝年间一批未完成的洞窟，都是中唐之初完成的，大面积使用土红，或土红加黄加黑而配成不同的红色，色彩单调贫乏。后来色彩才逐渐丰富。在第112、159、158、154等窟，色调已是鲜丽、明快、清雅。晚唐时，由于采用土黄色或白土色作地色，壁画色调又趋于柔和温馨。

在人物精神面貌的刻划上，某些方面也有新的发展。如第159窟西壁文殊变中的乐天（图12），一组三人，拍板、弹琵琶、吹笙，各其情态。特别是吹笙者，其聚精会神和吹奏时的用力，都描画入微。尤其是长裙下翘起的脚趾，似乎按着乐曲的节拍在动作。欣赏这无声的画面，美妙的音律竟如有耳闻。第159窟维摩诘经变中弟子品"阿难乞乳"一图（图13），也极传神。庄门外，一位少女正在挤奶，驯良的乳牛伫立不动，翘着鼻子呼唤它的犊儿，急躁的犊儿挣扎着要去吃奶，墙根下一位少年用力制止小牛不让前去。这一场面，在矛盾冲突中深刻地揭示了乳牛和犊儿之间的亲子之情。又如张议潮夫人出行图中的载竿表演，头顶长竿的力士，虽然眉目模糊不清，但那注视竿上小儿惊险动作，竭力稳定长竿的紧张神情，栩栩如生。

唐代后期的莫高窟艺术，除上述艺术风格及艺术成就之外，内容上亦具有鲜明的特点，兹分三点略述于后。

一、洞窟形制模仿宫殿——进一步民族化

吐蕃时期的洞窟形制，基本上继承天宝年间的窟形而有所发展，彩绘帐形龛过渡到实际的帐形盝顶方龛。龛内有低矮的马蹄形佛床，上置塑像，塑像身后画屏风。屏风是汉唐以来帝王公侯起居行事常用之物，多置座位的后方并图画人物故事，一般为六扇。显然，佛像身后画屏风是对帝王宫廷生活的模仿。

吐蕃时期这种佛龛形制已成固定格式，一直流行至唐末。张议潮时期，个别洞窟把盝顶方龛移到窟中央方柱上，成为"剎心内龛"，于是在正壁画巨幅经变。又有少数洞窟在窟中央设置大型佛坛，坛上的马蹄形佛床上安置大型彩塑，主尊身后有背屏通连窟顶。四壁的下部以联屏形式画经变中的故事。背屏既是模仿殿堂里的扇面墙，联屏也是宫殿内部常见的装饰形式。现存辽金以来历代寺院及宫殿里的殿堂内部正中设"须弥座"，座后沿立扇面墙或高大的屏风，与上述窟室布局极为相似。可见，张议潮时期的各种洞窟形制，正是进一步模仿中国木构建筑，特别是宫殿建筑的形式，这是唐代佛教艺术进一步民族化的重要表现。

二、经变增多是中原佛教宗派林立在敦煌石窟的反映

正如开元四年的残牒上所说："沙州先得帝王恩赐藏经，即今遗失旧本，无可寻觅，欠数却于上都乞求……"[27]。中原兴起的各宗派，在唐代前期已通过"赐藏经"、"施写经"、"求遗经"等活动而传至敦煌。中原名僧西行，如玄奘、悟空取道河西前往西域，昙旷、摩诃衍从长安来沙州译经，中京延兴寺沙门常会受请至敦煌讲经[28]，不空河西传密教，以及中原壁画粉本西来等等，中原的佛教思想和佛教艺术给敦煌石窟以巨大影响。因此，风行长安的净土思想充满了唐代前期的洞窟。到吐蕃时期，净土宗、律宗、密宗、华严宗、禅宗、唯识宗，甚至延续时间很短的三论宗也都传到了敦煌。因而在唐代后期，洞窟无论大小，都画上了各种经变，甚至难以容身的小窟也常有三、四种经变。诚如《张淮深碑》中所说："参罗万象，表化迹之多门"，"一窟之内，宛然三界"。经变增多，内容丰富，从而反映出更广泛的社会生活图景，出现许多富有生活气息的画面，为研究当时的历史和中国佛教派别的状况提供了形象资料。

三、儒家忠孝思想和正统思想在唐代后期佛教艺术题材中的表现

吐蕃占领前后，敦煌莫高窟出现了报恩经变。以后又出现了报父母恩重经变和劳度叉斗圣变，它们的出现，与当时的历史背景有一定的关系。

开元天宝以来，唐王朝内部已经出现分崩离析的征兆。出于维护封建宗法制度，统治者对于儒家的忠孝伦理思想格外提倡，并进一步把它与佛教思想融合在一起。天竺佛教来到了中国这块儒家思想根深蒂固的土壤，不可避免要受到忠君孝亲思想的浸润。

[27] 《沙州文录补》乐慎之残牒。
[28] 敦煌石窟遗书 S.4000《佛说智慧海藏经》卷下尾题。

173

吐蕃占领河西之后，民族矛盾更趋尖锐。被统治的汉族和各族人民以忠于唐朝君主的口号，展开对于吐蕃贵族的反抗斗争。在特定的政治形势下，河西地区特别是沙州掀起一股鼓吹忠君孝亲思想的热潮。这一思潮给予石窟的开凿带来直接的影响，这就是报恩经变和报父母恩重经变等产生的历史原因之一。

至于张议潮恢复河西之后，接连出现的劳度叉斗圣变，则是封建正统思想的反映。在中国封建社会的漫长年代里，只承认中原汉族政权是正统，边疆少数民族往往被称为"蛮夷戎狄"。这与佛教的正统观念不谋而合。佛教也把同时期的九十六种宗教派别一律视为需要降服的外道。这两种思想在河西特定的历史环境中结合起来了。莫高窟壁画不仅通过劳度叉斗圣变曲折地表现抗蕃胜利的激情，还寄希望于长期巩固这一胜利。张氏收复河西之后，仍然是"敦煌郡四面六蕃围"[29]的局面，汉人政权并不巩固。要达到抗拒少数民族的入侵，巩固政权，劳度叉斗圣变相加上变文，是一种极好的宣传方式。劳度叉斗圣变在张、曹两世政权期间大量出现，一入西夏政权时期，立刻绝迹；正像吐蕃赞普形象在吐蕃时期列于各民族之首，一旦张议潮收复河西，立刻退居次要。经变题材的兴衰并非偶然，而是与当时当地的社会现实、政治形势有着密切的联系。唐代晚期的莫高窟艺术虽不像前期那样辉煌灿烂，但由于它同现实生活的关联愈趋密切，给我们提出了许多新的课题，甚至更值得我们去做深入的研究。

㉙　敦煌石窟遗书 P.2762《张淮
　　深造窟记》。

莫高窟壁画中的佛寺

萧　默

敦煌壁画所表现的建筑，多数都是成组群地出现的；或者是几座建筑以对称的方式组织到一起；或者表现了一些较简单的院落；在大型经变画中，有更多的伟丽恢宏的大型建筑组群，画出了由回廊围成的很大的庭院，庭院中仔细安排了许多殿堂、亭台、楼阁以及水池。

这些建筑群是隋以后壁画表现的重要对象，也是敦煌建筑资料的重点之一。本文将着重介绍这批资料。

我们知道，中国建筑的主要特点之一就是它的成院落布局的群体组合方式。但唐以前的组群实物现在是一个也不存在了，宋辽以后的实例也多被后代改动，较完整的组群实例只有明清才有保存。所以，敦煌壁画所反映的唐宋以前的建筑群体组合，无疑具有一定的研究价值。

但是，如果认真的按照佛经来解释，那些描绘建筑形象的绝大多数画面，其本意并不是要表现人间的建筑，而是表现"天国"，即观无量寿经、阿弥陀经、弥勒上生经……所叙述的西方净土和兜率天宫等。但天国的根源却不在天上，而是在人间。所谓天国，是人们按照现实世界的模式创造出来的，作为具体的壁画形象，它甚至可能是人间事物的相当准确的反映。我们认为上述画面主要反映了古代的佛寺。它们大多数都有钟楼经楼之设；钟楼里悬钟一口，经楼里满贮经卷，对称地峙立在院庭东西。从唐宋文献可以知道，这种既有钟楼又有经楼的建筑布局，只有在佛寺里才可能出现①。更重要的是它们大都画得雄大精深，细致具体，其所据原型，不可能不是画家十分熟悉之物。据记载，隋郑法士欲求杨契丹画本，"杨引郑至朝堂，指宫阙、衣冠、车马曰，此是吾画本也"（《历代名画记》卷八），但对于更多的画家来说，大概不会有机会经常出入于朝堂宫阙之间。而佛寺却是对公众开放的，人人可由得见。画家在寺院中作佛画，天天都可以体察它，耳濡目染，自然发于毫端。既然壁画中建筑场景的原型以佛寺为主，而且意在表现佛国世界，毕竟与宫殿等世俗建筑关系不大。这个看法，亦可由壁画中的宫殿多简率不足称而得到佐证。故本文以佛寺为题。

但另一方面，我们也不能把它们看成是现实佛寺的完全真实的写生。首先，因为它们受到佛经的制约。或者说，它们都带有一定的理想化的成份。例如，为了表现佛经中所谓的"八功德水"，净土变的大型建筑群中都有很大的水面，有的甚至全部建筑架立在水面上，这就不一定是唐宋佛寺的真实情况了。

其次，绘画史方面的因素对于形象表现有很大影响。例如，隋代净土变的建筑多只是画出了主要建筑的正立面，而没有表现它所处的院落；初唐则更多采用透视画法表现建筑，建筑群有了前后层次，但它们只是对称地，错错落落地布置在水面平台上，没有形成一个有机的空间，也未能充分反映当时佛寺的真实情况；只有在盛唐以后，绘画水平高度发展，净土变的表现方式已经成熟，才给我们以更全面的印象；可是，随着成熟期的到来，中、晚唐以后，也显出了某些公式化的倾向；

① 佛寺中贮藏佛经的处所名为经藏（或曰经楼）。经藏与钟楼相对，分列于佛寺院庭的左右，不同于宫殿里历来是钟楼、鼓楼对设。宋代以前未闻佛寺中有钟鼓对设之事。因此，钟、经对设的布局或可看作佛寺的标志。直到宋代以后，才有佛寺中设鼓楼的制度。见后文及注㊺。

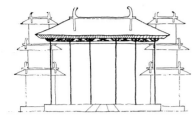

图1 第423窟窟顶说法图中佛寺（隋）

② 官署就可以改为佛寺。其实"寺"在秦汉本来就是指的官署。《日知录》说："自秦以宦者任外廷之职而官舍通谓之寺，汉人以太常、光禄、勋卫、太仆、廷尉、大鸿胪、宗正、大司农、少府为九寺"。传说佛教初传入时，就是因为外僧曾暂寄居于这种官署内，以后遂把佛寺仍称为寺的，《释名》曰："寺嗣也，治事者相续于其内，本是司名，西僧乍来权止公司，移人别居，不忘其本，还标寺号"。叶梦得《石林燕语》更具体地说到最早的佛寺东汉明帝永平十一年（公元68年）的洛阳白马寺原来就是因鸿胪寺而改的。

住宅改为佛寺的记载就更多了，如《洛阳伽蓝记》卷四云："（北魏）经河阴之役，诸元歼尽，王侯第宅多题为寺，寿丘里间列刹相望"。同书记"舍宅为寺"者比比皆是。《寺塔记》卷下记唐长安奉慈寺，开元中原是虢国夫人宅，安禄山时成了伪京兆尹的官府，以后又成了驸马郭暧宅，最后改为佛寺。此书所记长安十六寺大约有九寺是由住宅或藩邸改作的。舍宅为寺是那些达官贵人阉宦等的一种佞佛行动。

宫殿也有改为佛寺的，宋·宋敏求《长安志》卷九记通义坊兴圣尼寺："高祖龙潜旧宅，武德元年以为通义宫，贞观元年立为寺。"

③ 道宣，唐律宗高僧，曾参与玄奘的译经工作，乾封三年（公元667年）卒。

④ 道宣《戒坛图经》，《续藏经》第一辑第二编第十套第一册。

宋以后，画面显得冷落荒疏；直至西夏晚期，才又出现了几幅精丽宏大的画面；而上述这些差别只是属于表现方法上的，往往和各代佛寺发展演变的真实情况并不符合。

又如，为了在有限的画面中，尽量表现更大的和更完整的场面，并力图把建筑单体画得详尽，画家们大都有缩小横向尺度的倾向，致使正面建筑的开间数画得很少，不过三、五间而已，建筑形象显得高耸；同时在透视处理上多拉近前后建筑的距离，使我们好似有从望远镜中看建筑群的感觉，而不着意表现空间的深远。所有这些，都是绘画表现方法对于作品形象的影响。

中国佛寺，历来与其他建筑类型如宫殿、官署、住宅、道观、祠庙等有密切的亲缘关系。同样使用木构柱梁体系架筑的房屋单位，在体形上和体量上一般不会有太多变化，无非是殿堂楼阁亭廊之类，上至宫殿下至住宅，都是用这几种有限的单体组合而成。组合的法则基本上都是一致的，即采取院落形式把整群建筑有机地联系起来。这种院落可大可小，可多可少，具有很强的适应性，基本上可以满足封建社会的各种功能要求，这样，各类型建筑之间就具有很大的共通性，以致于往往可以互相改换②。因此，被我们视为佛寺的壁画形象不无理由同时也是大第宅、官署、道观、祠庙甚至宫殿的某种反映。

以下我们就进入对壁画中佛寺的具体研究。

一 隋代佛寺的一殿二楼布局

北朝石窟没有出现有关佛寺的壁画，但它的洞窟形制，尤其是洞窟的中心塔柱式布局，反映了早期在庭院中心建有高塔的这种佛寺的某些特点。

在壁画中最早出现可作为佛寺看待的画面是在隋代。其最普遍的形式是正中一座五间大殿，单檐歇山或庑殿顶，大殿左右各立一座三层或四层的楼阁（第423、436、419等窟）。三座建筑都是正立面，没有画出周围廊舍，所表现的应是寺院中部最主要的一组建筑（图1）。我们由文献知道，许多早期佛寺中的主要建筑并不是佛殿，而是塔。佛殿在塔的后面。而据初唐释道宣③《戒坛图经》对寺院的叙述及其附图，塔的位置反移到前佛殿以后了，突出了佛殿的地位④（图2）。其实，就在早期，也应该同时就有着这种以佛殿为主体建筑的布局。尤其是在用住宅改建的佛寺中，因平面布局先已完成，无由再在寺中主要地位立塔，当然是以佛殿为主。《洛阳伽蓝记》卷一记建中寺本是阉官司空刘腾宅，就是"以前厅为佛殿，后堂为讲堂"，并不建塔。此书共记录了洛阳近五十个佛寺，只有十五寺有塔。而其中十三座塔都是立在新建寺中，只有两座塔立在由住宅改建的寺中。由此可见，脱胎于传统院落式住宅、中心无塔、因而也是以佛殿为寺中主要建筑的佛寺，即在早期也已占相当数量。隋唐以后，随着佛教之更重义理，少倡戒行，那种宣讲佛教义理所需要的佛殿讲堂形制得以继续发展，而戒行礼拜所需要的中心建塔的形制就逐渐式微了。即使建塔，也多在别院中，或在后，或在侧，少有建在主要佛殿前面的。敦煌壁画中的佛寺大多以佛殿为主，就反映了这种情况。上举隋代几座佛寺也正是如此，说明了在《戒坛图经》以前，寺院中就已流行壁画中的这种布局。《戒坛图经》曰："正中佛院

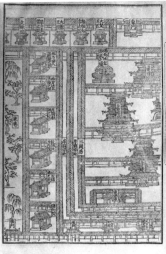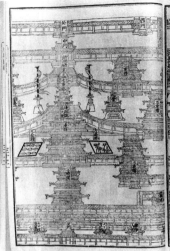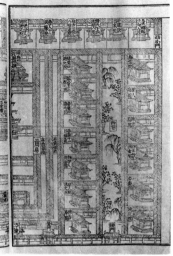

中门内为前佛殿，左右有楼各三层"，恰与隋代壁画相合，进一步说明了问题。类似的布局还见于更早的宫殿，如《长安志》卷五记后秦姚兴："尝于逍遥园引诸沙门听番僧鸠摩罗什演讲佛经。起逍遥宫，殿庭左有楼阁高百尺，相去四十丈"。

二 隋代及初、盛唐佛寺的"冂"形建筑平面布局

隋及初、盛唐壁画的西方净土变中还多见有一种寺院建筑组合，即中间大殿左右各有一座小殿，三殿平面组成"冂"形（隋第433窟，见图3）；有的在三殿间连以廊庑（初唐第338、68窟，见图4）；有的左右二殿是二层楼阁，与中间大殿以弧廊相连（初唐第341窟）或三座建筑都是楼阁而以廊道相连的（初唐第321、205窟，见图5）。在第205窟的这组建筑左右又各有一楼，全部楼阁群都架立在广阔的水面上，在建筑群前方水中又架有几座平台。但在大多数场合，这种成"冂"形布局的建筑仍是建在陆地上的，只是在它的前面有方整的水池和平台。这在盛唐有更丰富的表现。如第217窟北壁净土变：正中是一座二层的佛殿，佛殿后面的回廊前折形成了一个"冂"形后又各作东、西折延伸出去，在它们前方的左右还有些楼阁和高台。整群建筑前是水池和平台。平台好象是水中的岛，中轴上有一座，左右各一座，连以小桥（图6）。第45窟北壁中央也是一座两层殿堂，左右斜出呈八字形的两层廊道，其左右又有单层廊，曲折走向略同于上图，全部建筑群也是水池和平台（图7）。第第226窟盛唐所画的西方净土变较为简单，它的中央是单层佛殿，左右端与单层殿成"冂"形各置一座二层楼阁，三座建筑之间连以弧形廊屋，整组建筑前也是水池，总的意匠和上举初、盛唐数例一致（图8）。

图中水池是根据《观无量寿佛经》和《阿弥陀经》所说的"八功德水"画出的，经说："有七宝池，八功德水充满其中……四边阶道，金、银、琉璃、玻璨合成，上有楼阁"⑤，或"极乐国土，有八池水。一一池水，七宝所成"⑥。所谓"八功德水"是供天国的佛、菩萨等沐浴用的，在里面沐浴时，冷热随意，深浅任便，皆随意念而自行变化，另外还有诸如澄净，清冷……等八种别的好处，故以"八功德水"名之。所以，壁画中的大量水面，不一定真是唐宋佛寺中普遍的情况。段成式在《寺塔记》中所记十六寺，只有三次提到水池，其中二处尚且"填之"或为

图2　唐·道宣《戒坛图经》寺院图

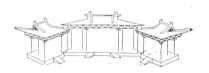

图3　第433窟窟顶说法图中佛寺（隋）

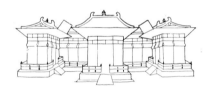

图4　第338窟北壁经变画中佛寺（初唐）

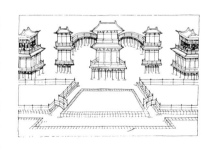

图5　第205窟北壁经变画中佛寺（初唐）

⑤ 姚秦·鸠摩罗什译《佛说阿弥陀经》（《大正藏》卷12，pp. 346～347）。
⑥ 刘宋·畺良耶舍译《观无量寿佛经》（《大正藏》卷12，p. 342）。

图 6　第 217 窟北壁经变画中佛寺
（盛唐）

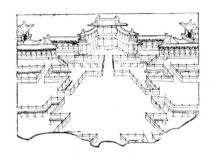

图 7　第45窟北壁经变画中佛寺
（盛唐）

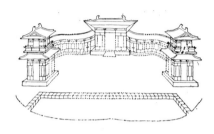

图 8　第 226 窟窟顶南披经变画中
佛寺（盛唐）

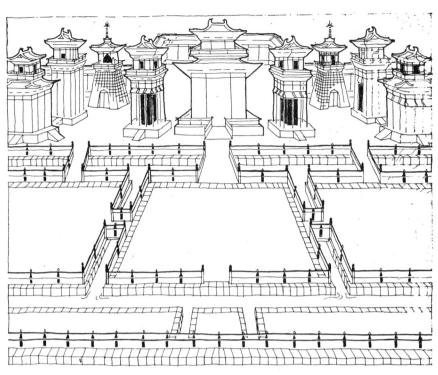

⑦　《寺塔记》卷下崇义坊招福寺，
"寺内旧有池……填之"；卷
上靖善坊大兴善寺，"寺后先
有曲池……今复成陆矣"；卷
下崇仁坊楚国寺，"门内有放
生池"。又，宋敏求《长安志》卷
七记唐长安开化坊大荐福寺，
"寺东院有放生池"。

⑧　见杨鸿勋《我国园林对日本造
园影响的一些情况》，载建筑
科学研究院建筑理论及历史研
究室：《建筑理论及历史资料
汇编》第二辑。

⑨　伊藤延男《寺院と神社》（《世
界美术全集》第 5 卷，角川书
店，1962年）。

⑩　《云南通志》："圆通寺……建
自蒙氏，元延祐间重修"。按，
南诏大蒙政权起自贞元二十三
年，终于天复二年，适当唐世。

"先有"，另一处是放生池，完全没有说起在寺院正中庭院有像壁画这样的大水池和平台⑦。

但我们在日本寺院中却可以找到相类的布局。在日本，净土信仰在十世纪中叶兴起以后，一直到十一世纪前后，主要都是强调其天国欢乐的一面。在建筑、佛教绘画和法会的仪式中都显出一种快乐的华丽的气氛，这在被称为日本建筑的瑰宝的平等院凤凰堂建筑中表现得十分明显：精致、华丽、开朗和欢乐是这组建筑表达的基调。凤凰堂建于天喜元年（公元1053年），中间建歇山楼阁，称阿弥陀堂，左右和后面有双层廊，平面形如大鸟展翅，故名凤凰。左右翼廊在尽端各突出一个小屋顶再折向前围成"冂"形而结束。引入的宇治川的水在建筑前形成水池（图9）。此后，在京都建立的法胜寺、鸟羽的胜光明院、平泉的毛越寺和无量光院、圆隆寺等，都有相似的布局（图10）。这些寺院的水池设在大门和后部"冂"形平面建筑群之间，沿纵轴在水池中有中岛和通向前后的桥，后部"冂"形建筑组合的左右在前面临水池处多以楼阁结束，其总体和上举壁画数图相当一致。

这一批日本寺院及园林布局，在日本被称之为"净土园林"⑧。据日本学者研究，凤凰堂就是以阿弥陀净土楼阁图为依据而建造的⑨。考虑到中日两国古代文化上的频繁交往，可以认为这种净土图同两京寺院的净土变壁画以及上举敦煌石窟壁画应都是相类的。

相同方式的布局在日本平安期贵族的所谓"寝殿造"住宅中也有流行。平安京神泉苑建于八世纪，是寝殿造的较早和较典型的例子。

这种水池平台源于佛经，或许与印度的沐浴习惯有关。在建筑中，日本既见有实例，我国应当也曾有所实行，只是实物多已不存，文献也无记载而已。北宋晋祠圣母殿前的鱼沼飞梁与壁画中的水池平台很相似；另据说创建于唐的昆明圆通寺⑩，现状在庭院内满是水面，中有一岛，岛上建八角大亭，岛前后有路通向山门和大殿，与此也颇相合。

178

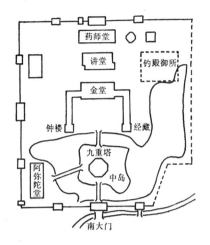

图9　日本平等院凤凰堂（公元1053年）

图10a　日本法胜寺总平面复原图

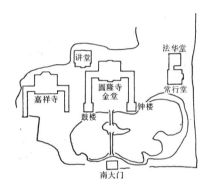

b　日本毛越寺总平面复原图（参照平凡社《世界建筑全集》1）

在石窟壁画中，以"回"形平面的建筑群作为佛寺中心建筑，中唐后即不多出现。仅晚唐四川大足北山第245龛⑪浮雕净土和敦煌五代第72窟壁画有这样的布局。

三　盛唐以后佛寺的院落式布局

上举壁画中的佛寺，均主要表现主体建筑。自盛唐以后，历中、晚唐以至五代、宋初，壁画表现前进了一步，全都画出了院落，有的更画出了三门⑫，使我们能更完整地看到寺院的布局。这些院落依其组合又可分为三种类型：单院、前后纵列的二院和左右横联的三院。这样的佛寺，绝大多数画在大型经变中，如西方净土变、东方药师经变、弥勒上生经变等，数可在三百幅以上，是壁画建筑资料中的大宗。以下将按类型依次介绍。

一、单院式

单院佛寺的表现方法有两种：一种见于经变画，寺院左右对称，视点放在寺院中轴线上方，为基本上采用一点透视法画出的鸟瞰图。这样的画面都很大，非常华丽，渲染出了强烈的天国欢乐气氛。另一种集中见于宋初第61窟西壁著名的"五台山图"中，主要采取近似轴测投影的画法，所画的寺院比较小也比较简单。现在先从"五台山图"谈起。

山西五台山是佛教传说中文殊菩萨的道场，由《水经注》的记载，知北魏时山里就有了佛寺⑬，虽经周武灭法，多从煨烬，隋时又即恢复⑭。至唐，五台山已成为佛教圣地，僧徒弟子往来不绝，《五台山图》乃应运而生。在这种兼具地图性质的壁画上，绘有山里的大寺院。第61窟虽建于宋初，而该窟五台山图所据原本当出自会昌废佛以后，故所图寺象反映了晚唐、五代时的情况。图中寺院大小有六十七处之多，小者仅一屋而已，大者都作单院式（图11a）。院落由回廊围成方形，和日本飞鸟、奈良期寺院的方院一样，是唐时寺院通行的院落形制，和现存辽宋以后的寺院呈纵深院落的作法不同。在院落的正面，正中设二层门楼，院四角多有二层的角楼，院中多为一至三座单层的或者二层的建筑，有的在院外也有建筑。其中"大佛光之寺"（图11b）院中是一座二层楼阁，此楼阁显与该寺现存建于大中十一年的单层七间庑殿顶大殿不符。据《广清凉传》卷下："释法兴，隶名佛光，遂有终焉之志……修弥勒大阁凡三层九间"（《宋高僧传·法兴传》作"三层七间"），所述是会昌灭佛前的情况，此图或为之示意。1937年梁思成先生率领的考察组发现的佛光寺大殿是当时所知我国最早的木结构建筑实物，它的发现成为建筑考古界的一桩值得纪念的大事。

⑪　辜其一《四川唐代摩崖中反映的建筑形式》，《文物》一九六一年第十一期.

⑫　三门，即寺院中心回廊院的大门，可能是三座门，也可能只是一座门，但唐代都称之为"三门"，详见后文.

⑬　《太平御览》卷四十五引《水经注》云："五台山……其北台之山冬夏常冰雪，不可居，即文殊师利常镇毒龙之所，今多佛寺，四方僧徒善信之士多往礼焉."今本《水经注》无此文. 据纪昀等序云："崇文总目称其中已佚五卷，故《元和郡县志》、《太平寰宇记》所引滹沱水、泾水、洛水皆不见于今书". 关于五台山的记载应属滹沱水，故今本已不存.

⑭　《广清凉传》卷上引《灵迹记》：五台"粤自后周以来，极遭废毁……大率伽蓝多从煨烬". 《古清凉传》卷上："大隋开运，正教重兴，凡是伽蓝并任复修". 按，五台山又称清凉山.

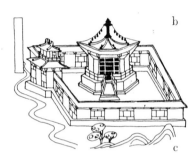

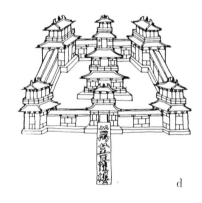

图11 第61窟西壁"五台山图"中的几个寺院（宋）

图12 第172窟北壁经变画中佛寺（盛唐）

⑮ 陈明达《应县木塔》，文物出版社1966年版.

⑯ 林徽音、梁思成《晋汾古建筑预查记略》，《中国营造学社汇刊》第五卷第三期（1955年）.

"大法华之寺"左侧的的某寺中心所建是一座单层六角塔（图11c），反映了此时中心建塔的佛寺布局并没有全部消失。同图之"万菩萨楼"寺院（图11d），在院落正中所建之四层楼阁，其实也可以认为是塔。在大型经变画中，一直到西夏，这种布局也仍有数处表现。日僧圆仁撰《入唐求法巡礼行记》所述晚唐时在中国的见闻，记山东莱州城外龙兴寺"佛殿前有十三级砖塔"；敦煌宋代卷子《节度押衙董保德等建造兰若功德记》（S.3929）也说："创建兰若一所，刹心四廊，图素（塑）诸妙佛铺，结脊四角，垂拽铁索鸣钤（铃），完然具足。新拟弥勒之宫，似创阿育之塔⋯⋯"，似都表明此式之滥觞。实物则可见于应县辽佛宫寺⑮、赵城宋广胜寺⑯等。

大型经变中的单院佛寺可以盛唐第172窟和中唐第361窟数图作为代表：

第172窟南北二壁都画有大型西方净土变，都是莫高窟艺术的杰出作品。其北壁一幅，疏朗有致，更属上乘。所绘佛寺系一方形大院（前部未绘出），院落后部沿中轴顺置三座大殿。前殿单层，单檐庑殿顶，面阔五间进深三间。中殿是两层楼阁，亦单檐庑殿，面阔比较窄。后殿单层，面阔最宽，顶同前。横轴在前殿以前，东西两端各置单层单檐歇山式顶五间配殿一所，配殿南北又各峙立一座二层楼阁，亦五间，歇山顶。后殿左右接廊庑，东西行至角折向南与侧翼建筑相接，在廊庑转角处于廊顶突起角楼；角楼歇山顶，以山面向前；廊庑深两间，沿中柱设墙，开直棂窗，每隔两间敞开一间，可互通内外。全部建筑都架立在广阔的水面上。在前殿以前的水面上立大小低平方台：沿横轴是一大平台，绘佛说法场面；前面有三个小平台，中间是伎乐歌舞，左右各一乐队伴奏；最前又横置五个小平台，中台有仙鹤，左右二台各是菩萨；平台之间及平台与殿堂之间连以小桥和斜道；图上露出水面较多，故较疏阔。整体丰富而不拥挤，华丽而不艳俗。水面碧波涟漪，植莲荷菱藻，化生童子嬉游其间。寺院廊庑以外绘山水，天空有活泼美丽的飞天、乘

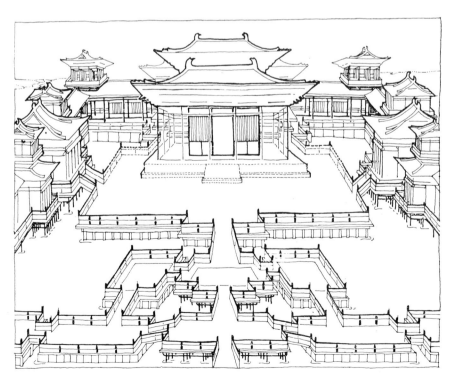

云而来的赴会菩萨和各种"不鼓自鸣"的乐器。整幅图画采用了很成熟的一点透视画法。俯视的角度使人们对于天国的景象一览无余，仿佛扪手可及，人们可以自由地进入或甚至已经进入了天国，使净土宗的简易成佛的思想得到了极真切的表现。为了显示佛殿建筑的雄伟，对几座佛殿的屋顶又采取了仰视的角度，画出了檐下的椽飞斗拱，对中心大平台上的佛、菩萨又用了正投影画法以显示其庄严端正。各种透视角度灵活运用，更见匠心。透视的画法，在西方，直到文艺复兴时代才开始得到发展，十三世纪与十四世纪之交启其端，十五世纪才有了较多的运用。但是，在敦煌八世纪的西方净土变图中竟已运用得这样纯熟并富有民族特色，不能不使我们惊叹于我国古代绘画的高度成就。

此图未绘出前部，但由上述"五台山图"几座寺院和其它净土变推断，前部也应由廊庑围成，正中是三门，左右亦有角楼（图12）。

中唐第361窟北壁西方净土变中的单院佛寺以一座六角二层塔为中心。此塔造型奇特，广泛使用曲线。左右配殿各为一座两层三间歇山顶楼阁。廊庑进深也是两间，但中柱无墙，全部敞开。角楼是圆形小亭。后廊正中似乎有后门一类的建筑，但被中塔遮挡，无由得见，在此后门与圆角楼之间于廊顶又突出一平台。圆角楼、平台和后门上部以虹桥连接。此图绘出了寺院前部，布置和后部相仿，但前角楼是六角亭，东亭悬钟一口，西亭处壁画残损。三门是一座两层楼阁，三开间庑殿顶。全部建筑包括三门和廊庑，都架立在水面上，前庭水面中有大平台，平台上左右各立一幡竿，竿首龙头衔幢幡。

值得注意的是此寺后廊在角楼处并未终止而更向左右延伸（图13）。

同窟南壁图中寺院建筑的配置大体与上图同，但配殿为二层的三开间方楼。西楼上层置钟，东楼上层贮经。寺院总平面呈纵长方形，院内没有水面，而在寺外沿寺一周设有规整的护壕（图14）。应该着重指出的是此图的画法。它的平面没有透视，就是一个规规矩矩的长方形。单座建筑则多用立面正投影。在表示单座建筑的侧面时，略有些一点透视的表现。这种画法在全部敦煌艺术中尚属仅见，但它与我国许多表现建筑群总体面貌的图形画法却是一致的。例如宋绍兴间刻的道宣《戒坛图经》插图（图2）、宋刻唐长安城图[17]、兴庆宫图[18]、金登封中岳庙[19]碑（图15）、金汾阴后土祠庙貌碑[20]（图16），以至清样式雷[21]的许多设计图和明清各地方志的插图等。这些图形的平面都无透视，同时在平面上竖立起各单座建筑的正立面，使平面和立面同时出现，既能表达总平面的布局，又能大致显出每座建筑的形象，效果鲜明，画法简易。这种画法长久地通行在工匠们中间，是我国建筑制图法的一个创造。在上举壁画以前，这种画法[22]多简略草率，示意而已。晚于这幅壁画的各图，多仅为单线描绘，不施彩色，且画幅也小，单体建筑表现得不如此图充分。故第361窟此图，诚为我国建筑制图学史上的一幅重要作品。惜原壁已漫漶严重，不易看清了。

敦煌壁画几百幅大型经变中的佛寺图，其配置几无雷同。仔细观察，包括上举三图在内，就正中一路来说，有只置一座单层佛殿的（盛唐第320窟，西夏第354窟）；有只置一座双层佛殿的（中唐第231窟，晚唐第85窟，宋第55、136窟，以及榆林窟五代第16、33窟）；有的是一座双层楼阁式塔（中唐第361窟，西夏第306窟前室）；有些是前后纵列两座大殿的，这两座中或前一座是单层、后一座是双层的（盛唐第148、91

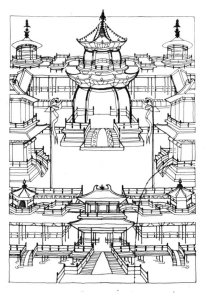

图13b　第361窟北壁经变画中佛寺
（中唐）

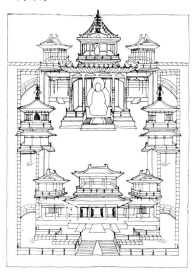

图14　第361窟南壁经变画中佛寺
（中唐）

⑰　宋·吕大防长安城图石刻，见平冈武夫编《唐代の长安と洛阳　地图篇》图2（陕西人民出版社1957年版）。

⑱　同⑰，图37。

⑲　刘敦桢《河南省北部古建筑调查记》，《中国营造学社汇刊》第六卷第四期（1936年）。

⑳　王世仁《记后土祠庙貌碑》，《考古》一九六三年第5期。

㉑　"样式雷"是明末清初开始的雷姓建筑专业世家，终清之世，三百年来专事皇家建筑工程设计绘图等；见单士元《宫廷巧匠——样式雷》，《建筑学报》一九六三第三期。

㉒　如长沙马王堆西汉墓出土"箭道"城堡图；见詹立波《马王堆汉墓出土的守备图探讨》，《文物》一九七六年第一期。

图15 《登封中岳庙碑》重修中岳庙图拓本（金刻，《中国营造学社汇刊》第六卷第四期）

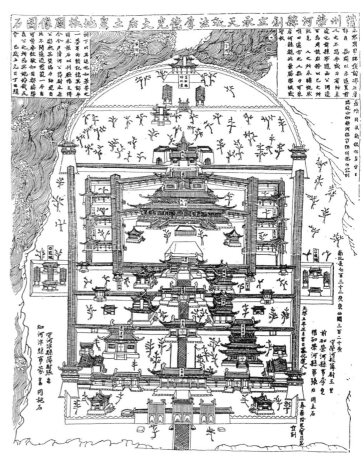

图16 《汾阴后土祠庙貌碑》后土祠庙图摹本（金刻，《考古》一九六三年第五期）

㉓ 其中西千佛洞中唐第15窟的后殿楼阁系四角攒尖顶，有刹、铎之设，也可以被认为是塔。莫高窟第91窟的形制较少见，它是在前殿前方左右与配殿之间各置一六角砖台，台顶有六角亭，西亭悬钟，东亭贮经。唐·白敏中记滑州明福寺曰："隋开皇中，……遂舍宅为寺……周廊四回，前三其门，庭二其台，架危楼以声钟，植修茎以飞幡"，与此相似；见白敏中《滑州明福寺新修浮图记》。

㉔ 梁思成、刘敦桢《大同古建筑调查报告》，《中国营造学社汇刊》第四卷第三、四期合刊本（1933年）。

㉕ 梁思成《正定调查纪略》，《中国营造学社汇刊》第四卷第二期（1932年）。

㉖ 梁思成《蓟县独乐寺观音阁三门考》，《中国营造学社汇刊》第三卷第二期（1932年）。

㉗ 同㉔。

窟等和西千佛洞中唐第15窟㉓），或前殿是双层、后殿是单层的（五代第100窟南、北壁和第5、6、22窟，宋第55窟，西夏第306、400窟，榆林窟五代第16、19窟），或前后都是单层（中唐第158窟），或前后都是双层（晚唐第85窟），也有前后纵列三座大殿的，其顺序都和上举第172窟的一样，即前后两殿是单层，中殿是双层（盛唐第172窟南、北壁，第199窟，晚唐第8窟）。

至于配殿，一般都是二层的楼阁，少数是单层；个别的例如前述第172窟，中间单层，南北各挟一双层。以楼阁为配殿的格局，另见于辽金大同善化寺的文殊、普贤阁㉔和宋正定隆兴寺之慈氏阁及转轮藏㉕。又宋·黄休复《益州名画录》卷下滕昌祐条有"大圣慈寺文殊阁、普贤阁"之句，可能也是左右对称的配殿。《历代名画记》卷三也有："东阁肃宗置天台智者大师碑"，知此应为唐宋时比较普遍的作法。

绝大多数佛寺都有角楼。角楼或方或圆或六角或长方。有的在角楼和后殿之间的廊庑顶上又耸起一楼，或圆或长方，其形式同角楼取得对比。也有的将此楼改为只有平座勾栏的方台，甚至角楼处也是这样的小方台。廊顶的这些小建筑之间，常以虹桥相连。院落的前部，其处理和后廊部分差不多，但正中是三门。三门常是一座三开间的二层楼阁（图13、14），多数在此楼阁左右又各挟一三开间的单层建筑（图17）；也有三座双层楼并建，中间一座较大，左右的略小；个别的仅一单层三间门屋，同于辽独乐寺㉖，善化寺㉗等实例。

二、前后纵置的双院式

此式相当于在上述单院后又接出一进院子。院子宽度同于前院，深度则比前院小。前院情形和单院式佛寺差不多。后院中路的布置因被前院建筑遮挡，大多不详，仅由中唐第159窟所见，其后院正中也有一座单层的大殿。晚唐第85窟的后院正中虽被遮挡，但由所露出部分看来，似乎是并列的三座二层楼阁，楼阁上层以飞桥连系。在后院的左右部，又各立一六角形双层楼阁，布置较为复杂（图18）。盛唐第148窟的后院分为左右两个（图19），形式特别。

在前后院之间的中廊与左右廊的丁字交接点上，有的也设置了角楼。

无论是单院式或双院式佛寺，都有许多画面显示出后廊在角楼处并不终止而继续向左右延伸出去（盛唐第148、199、172窟，中唐第158、159、361窟，晚唐第12、85、196、468窟，见图13、18）。第172窟南壁的后廊延伸段屋顶上还耸出有圆塔。

有一些佛寺图在后廊之北还有建筑屋顶显露出来。

三、横列三院式

这是比较特殊的形制，都出现在弥勒上生经变中，画在图中最上方作横长的构图。计有两种方式：一种是横列三院互不连接，各自独立成单院。中院最大，朝南；东西二院较小，方向各朝向中院，并与中院相对开门以通往来（中唐第231窟，晚唐第138窟，见图20）。也有的左右二院是园林，院中各有一六角亭（中唐第231窟）。晚唐第85窟的中院是一城，左右二院面向中院，又各分为前后二院。

另一种方式是三院接连，以盛唐第148窟所绘最完整（图21）。此图中院最大，左右二侧院的南北向宽度小于中院的进深，侧院正门为二层楼阁，南北端设角楼。三院全部由回廊围绕，总体布置得十分妥贴。

这种布局虽都是三院横列，但各图的变化很大；有的看来不可能实行，例如中院是一座城的布局，在实物及文献中都找不到什么根据，可能并非写实之作。而其中某些例子，布局合理，至少不失为好的设计方案，可供我们参考。

四　佛寺院落式布局的讨论

一、总平面

1.回廊院　由回廊围绕的院落布局为我国各类建筑所普遍采用。由敦煌壁画可知，唐、宋佛寺亦采取这种方式。《寺塔记》、《历代名画记》和《益州名画录》记唐五代寺院，多有东、西、南、北廊或院两廊之称；这些廊子又连接着许多沿庭院周边的建筑，如"大圣慈寺东廊下维摩诘堂"[28]，"圣寿寺东廊下维摩诘堂"[29] 及"北廊堂"[30] 等。据迹象推测，在大同善化寺中，也可能是有左右回廊连接着廊上各个建筑。这些记载和实例都与壁画相合。

壁画所示的回廊院平面近似方形，一进院门，就可看见主要佛殿。按，日本早期佛寺在回廊院前多有南大门之设[31]，以南大门与回廊院院门之间的距离作为佛寺入口到佛殿之间的过渡，这样不至于一进寺门，就一览无余。我国实际情况可能也是这样，至少大寺院应该如是。二门之间的这段空间，不但在建筑艺术上是必要的过渡部分，而且在功能上也是需要的。达官贵族的从骑车马仪仗，在进入南大门以后，应当就停

图17　第146窟北壁经变画中佛寺（五代）

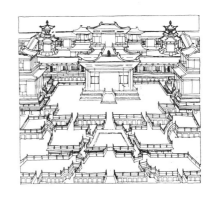

图18　第85窟北窟经变画中佛寺（晚唐）

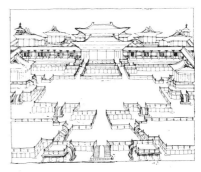

图19　第148窟东壁经变画中佛寺（盛唐）

[28]　宋·黄休复《益州名画录》卷上李洪度条。

[29]　《益州名画录》卷下有画无名条。

[30]　唐·张彦远《历代名画记》卷三《记两京外州寺观画壁》千福寺条。

[31]　见《世界建筑全集》1（平凡社，1947年）所载法隆寺、飞鸟寺、四天王寺、药师寺、兴福寺及川原寺等总平面配置图。

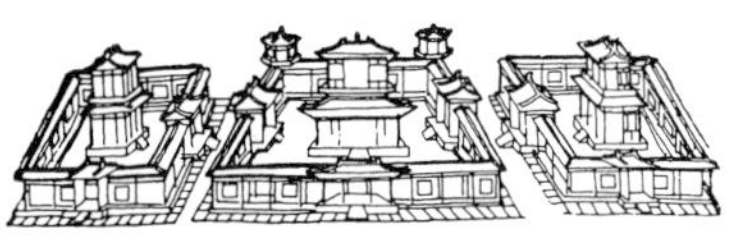

图20　第231窟北壁经变画上部佛寺（中唐）

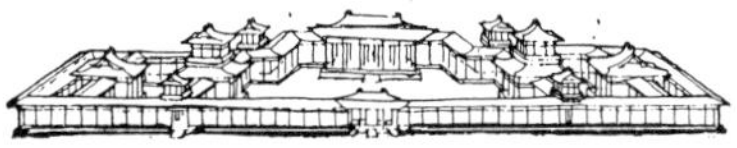

图21　第148窟南壁经变画上部佛寺（盛唐）

顿在那块地面上。估计敦煌壁画是为了着重表现主要部分，而没有画出这段空间。《戒坛图经》的佛寺图中，在回廊院大门（图中称中门）之前确实还另有外门（图2）。

后代寺院，在进了寺门以后，还要经过好几个院子和小殿，如天王殿、前殿之类，才能到达主要佛殿所在的庭院。而这个庭院多呈纵长方形，与唐代壁画中的不同。

壁画中的佛寺，主要大殿都退置在横轴线以北，使大殿前有广阔的空间。这个空间，衬托出主要建筑的壮丽，在艺术上很有必要，同时这也是寺院群众活动所需要的。《入唐求法巡礼行记》记扬州开元寺一次设斋供五百僧的活动，就在这样的院庭中举行。唐代的大寺，既是宗教活动场所，也往往是经济的和文化的中心点：院庭两廊有各家壁画，殿堂里有精美的彩塑，如同一座常年陈列的美术馆，寺院中还常有演出活动。据钱易《南部新书》戊："长安戏场多集于慈恩。小者青龙，其次荐福、保寿"。俗讲变文当然也在寺院，每至开场，万头攒动。这些都需要一个大的空间。宋代商业发达，由于寺院拥有巨大财富，也经营商业和典当，殿庭又可容公共集市。《燕翼贻谋录》记东京大相国寺曰："中庭两庑可容万人，凡商旅交易者皆萃其中"，可见当时的盛况。

有了这样一片空间，横轴两端的配殿与纵轴上的诸殿便不致拥挤而起到对主殿的陪衬作用。

2.**院内横廊**　文献中多有"院内次北廊"、"次南廊"之名[32]，说明除了四周围回廊以外，院内还有一至两条东西向的廊子，使院子呈日字形或目字形。壁画中的前后二院就是这种日字形的表现。

3.**东西廊以外的院落**　前文所谓的单院式、双院式佛寺，不过是为叙述方便起见，根据画面的主要特征而暂时命名的。这种命名带有很大的局限性。实际上，唐代的大寺院绝不只是一二院而已，例如《寺塔记》卷下记慈恩寺："凡十余院，总一千八百九十七间，敕度三百僧"，《长安志》卷十记章敬寺本鱼朝恩宅，后为章敬皇后立寺故名，殿宇达四千一百三十余间，分四十八院。《戒坛图经》所载之佛寺中竟有五十几个院落之多的（图2）。可见壁画中画出的只是中路的最主要部分而已，其余众多的院落并未画出。按《寺塔记》等各书记佛寺院名凡三十余，其中有以居住者命名的，如"素和尚院"、"璘公院"；有以供奉对象或院内建筑命名的，如"华严院"、"塔院""玄宗御容院"；有兼表明方位的如"东禅院"，"西塔院"、"东廊大法师院"等，如"西北角院"、"东廊从南第二院"、"东廊南院"、"东廊从南第三院"、"东廊之南素和尚院"、"西廊院"、"西廊北院"等等。这些比较次要的院落大多都分布于主体大院的东西廊以外，故东西廊不仅是连络南北的交通道，而且也是由主体大院通向东西各小院的必由途径。所以，在东西廊上开有通向各院的许多门户。诸书中就有如"西廊北院门"，东廊南间东门"，"东廊悬门"之名。这样，总体布局大致如图：

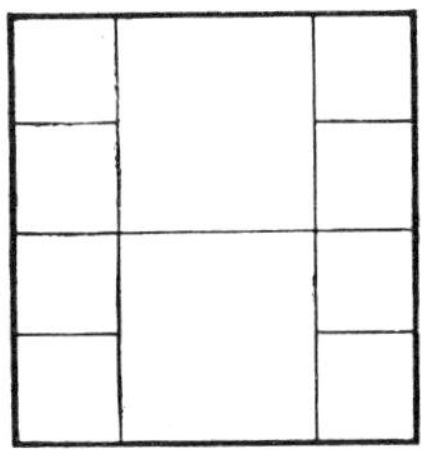

[32]　《历代名画记》卷三《记两京外州寺观画壁》兴唐寺条。

这样的总平面和山西汾阴金天会年间的后土祠庙貌碑（反映的是宋时情况）㉝及河南登封金承安重修中岳庙碑㉞（图16、15）和曲阜孔庙㉟等布局很相似。不仅如此，它与各代宫殿布局大致上也是相类的，例如现存北京故宫，在中路的东西两侧就各有一群较小的院落。

4.后廊后面的建筑 壁画佛寺的后廊，往往是完全开敞的或半开敞的。有的在廊外还有一些建筑，如中唐第158窟所绘在后廊外还有四座台，台上建方形或六角形小建筑，晚唐第468窟的圆形钟楼和经楼也在后廊以北。这些也提醒我们后廊并不一定是寺院的北界。在它以北还可以有一些建筑，或者设置后园。日本飞鸟至平安前期的寺院，有一些就是把钟、经楼设在回廊院以北的，如四天王寺、法隆寺；有的更在钟、经楼以北还有许多建筑，如药师寺、兴福寺、大安寺等，都是这样。

由上所述，可知唐代大寺院的实际规模，比壁画所表现出来的要更加宏大得多。由于唐代寺院经济的发展，大寺相当富有，唐·韦述《两京新记》记长安化度寺曰："贞观之后，钱帛金绣积聚不可胜计，以致一寺之积可供天下伽蓝修理之用"，甚而燕凉蜀赵都远道来取，借出钱财都不用立约，"但往至期还送而已"㊱。所以，大寺都能致力于大规模的营建，甚至可以比拟宫殿。《唐会要》卷四十七至卷四十九所记录的几个大臣上皇帝的奏章，就反映了这种情况："今之伽蓝，制逾宫阙"，"营造寺观，其数极多，皆务宏博"，"今天下佛寺，盖无其数，一寺堂殿，倍陛下一宫。壮丽甚矣，用度过矣，是十分天下之财，而佛有其七八"。故武宗诏亦曰："寺宇招提，莫知纪极，皆云构藻饰，僭拟宫殿"。此等议论，或有言过之处，但当时佛寺之盛，可见一斑。

顺便还可以提到，这几百幅壁画中的寺院图，并无雷同，这说明画工们不屑于凭藉一幅粉本处处复制，他们对每幅壁画都是单独起稿的。他们所依据的实物，不可能只是敦煌一地或其附近地区的寺院；尤其是他们描绘的大寺，华丽雄伟，当更非区区敦煌所有。《入唐求法巡礼行记》作者日本僧人圆仁到过中国很多地方，得出结论说："长安城里……一个佛堂院，敌外州大寺"，这肯定是真实的情况。所以壁画中的表现，应主要依据两京和内地富庶繁华地区的佛寺为蓝本。这一点，也从侧面说明了敦煌艺术的全国性的意义。

二、几种单体建筑

寺院的单体建筑，除前面已提到的主殿、配殿等以外还有一些值得讨论的：

1.三门 寺院一般南向，其最前面的总入口，《戒坛图经》称为外门。在此以内的回廊院大门，称为中门，但唐代更多地称之为"三门"。《寺塔记》、《历代名画记》所记寺院，就都称之为"三门"，还有"大三门"、"中三门"、"南中三门"，"西中三门"等称呼。三门之称是由于当时的许多寺院当真有三座门屋，敦煌壁画里的佛寺三门，有许多就是这样的。其中有的是左、右单层建筑夹着中间的双层楼阁；也有的三座门屋都是双层楼阁。这种并排三座门屋的寺院在文献中多有所见。唐·白敏中记明福寺就有"前三其门"的句子㊲。又唐·房琯《龙兴寺碑记》云："高阁叠起以下覆，三门并建以相挟，如少华之承西岳，少室之拱维嵩"，就说的更明确了。封演《魏州开元寺新建三门楼碑》也说"既立三门，镇之层楼；又象对阙，校之连阁……崇崇乎信一时之壮观而全魏之卓绝也"；既像"对阙"，可见也是"并建以相挟"

㉝ 同⑳.
㉞ 同⑲.
㉟ 梁思成《曲阜孔庙之建筑及其修葺计划》图版一，《中国营造学社汇刊》第六卷第一期曲阜孔庙专号（1935年）.
㊱ 《全唐诗》卷三十二引装行书《化度藏院壁诗》注也说："西京化度寺内有无尽藏院，施舍日盛，开国以后其积至不可胜计。尝使名僧监藏，一分供天下伽蓝修理之用，一分施天下饥饿，一分充旧供无遮之会。城中士女有大车载钱帛舍之弃去不知姓名者".
㊲ 见㉓.

的。这三座门屋，互相烘托成为一组，相当宏丽，应用在规模较大的寺院中。但当时一定也有许多只有一座门屋的寺院，从壁画中就可以见到不少，可它们为何也被称为"三门"呢？据《释氏要览》："凡寺院有开三门者。有一门亦呼为三门者何也？《佛地论》云，大宫殿三解脱门为所入处。大宫殿喻法空涅槃也，三解脱门谓空、无相、无作。今寺院是持戒修道求至涅槃人居之，故由三门入也"㊳。意谓入寺院门可得三解脱。故依此种宗教理解，那就不管是否真的有三座门还是只有一座门，凡寺院的门都可呼为"三门"了。

壁画中仅一座门屋的中小寺院，其门屋大多也是楼阁，可见门屋用楼的普遍。这在文献所见尚多，如《历代名画记》之"三门楼下"凡两见；唐·李邕《大唐泗州临淮县普光王寺碑》曰："层楼敞其三门"；《浙江通志》之禹迹寺："大中五年……复兴此寺……寺门为大楼奉五百罗汉甚壮丽"；《燕翼诒谋录》记东京大相国寺："至道二年，命重建三门为楼其上甚雄"等皆是。其实早在南北朝时，已有三门为楼的例子：南朝荆州河东寺三门就是两层的㊴；《洛阳伽蓝记》卷一之北魏洛阳永宁寺南门楼三层，东西二门则为两层。可见三门为楼是南北朝至唐宋所通行的，这与后代寺院多仅施单层门屋不同。壁画中所见门楼，均为二层，尚未见三层的例子。至于门屋的间数，由壁画所见，不管是三座门屋还是一座门屋，也不管是单层还是双层，每座门屋统统都是三间。但古代实际上不会如此一律，如南朝河东寺的双层门屋即为七间㊵。

三门之改称"山门"，应在宋元以后。但苏轼《〈天竺寺〉并序》称"天竺寺有乐天亲书诗云：'一山门作两山门，两寺元从一寺分'"，若所录属实，则"山门"一词在中唐时已有。

2.廊 廊用于各类建筑，包括佛寺。廊子的具体形式，大体分两种。第一种是深一间的，有两种作法：其一是完全敞开，柱外沿台基或架空的平座边沿都有栏杆，下临平地或水面。这种作法的廊，只作走廊和划分空间之用，但分而不隔，十分通透。其二是只向院内一面开敞，向外的一面则以墙或每隔一间开直棂窗的墙封闭，外实内虚，兼具寺院外墙的功能。这种廊子，古代或称为"轩"。左思《魏都赋》"周轩中天"，李善注云："轩，长廊之有窗也"。所谓"周轩"，也应是用在院落周边的。

第二种廊进深两间，有三种作法。其一是全部通透。其二是在内外檐柱处敞开而中柱一线用墙封闭，墙上开窗，每隔一间或两间又敞开一间以连系内外，其效果介乎全部开敞与全部封闭之间。这种作法用于寺院内部，使相邻庭院都有自己的"周轩"。其三是将面向庭院的一间敞开（若为横向中廊，则是面向前院的一间）而另外一间作成可以居住的房间，壁画中显示其中有床榻之设。《历代名画记》卷三慈恩寺条："院内东廊从北第一房间南壁"，柳宗元《永州法华寺新作西亭记》："有僧觉照，照居寺西庑下"，应皆属此式。

廊子里光线充足，廊墙是画壁画的好地方。《寺塔记》等诸书所记壁画，许多就画在这里，成了名副其实的画廊。廊内又是饭僧之处，前引《入唐求法巡礼行记》记扬州开元寺："五百众僧，于廊下吃饭"；孟浩然诗："旁见精舍开，长廊饭僧华"。关于长廊饭僧，许多维摩诘经变画中都有表现，盛唐第217窟法华经变中也见画出。又，前引《燕翼诒谋录》记北宋东京大相国寺的文字，还提到廊子用来作商旅交易的

㊳ 宋·释道诚《释氏要览》，《大正藏》卷54，p.264.
㊴ 《律相感通传》记南朝荆州河东寺："寺开三门，两重七间".
㊵ 同㊴.

事实。

3.**角楼** 寺院中广泛地使用了角楼。见于经变画中的角楼全都不是起于地面，而是从廊庑屋顶上伸出柱子，作成平座勾栏，再于其上构一单层建筑。但是，见于"五台山图"的角楼，却都是自成一楼，两层。

角楼与门楼和殿堂等取得呼应，丰富了立面的天际线，扩大了建筑群所控制的空间。佛寺角楼在后代已不多使用。独乐寺、华严寺和善化寺等都没有角楼。但仍可见于后土祠庙貌碑及中岳庙图（图15、16），实物则有金泰安之东岳庙，此三例的角楼均连以高峻的城墙，防卫性很强，同壁画中仅连以回廊强调装饰意义的做法很不一样。

寺院角楼的实际用途，据壁画是作钟楼和藏经之用。不论所绘是前角楼或后角楼（多数只绘出后角楼），东、西两座，大抵一座悬钟，另一座就满贮经卷。《寺塔记》卷上记长安平康坊菩提寺云："寺之制度，钟楼在东，唯此寺缘李右座林甫宅在东，故建钟楼于西"，又宋重修《大相国寺碑铭》也说："左钟曰楼，右经曰藏"[41]。日本早期寺院也多作东钟西经[42]，可见当时确有通行之法。而壁画中钟楼和经藏或西或东，并无定制，表现自由，恐系画工忽略所致。钟之于寺院，早已成为不可缺少之物，晨昏作息、讲经、饭僧、法事等都要打钟[43]。读隋唐诗人咏寺之诗："临风听晓钟"，"疏钟响昼林"，"亭午闻山钟"，"迢递晚钟闻"，"翻然夜钟尽"，"清霜后夜钟"以及"夜半钟声到客船"等等[44]。几乎日夜钟声不绝。钟声不仅给僧徒报示时刻，对外也是一种宗教宣传，试想当年长安各寺，百钟齐鸣，该是怎样的一种气象！清钟夜响，动人诗兴，难怪诗人们都要争相吟咏了。经之于寺自不必说。庋藏经卷，楼阁为佳，故"束之高阁"自古已然。寺院中用鼓并设鼓楼应是宋以后的事[45]。有了鼓，钟鼓对设，经就全部搬到置于寺院最后的藏经阁去了，钟鼓楼也都放到寺院最前部的左右。近代的佛寺大都如此。寺院是否用鼓，似属末节，但对于寺院的总平面布局，却有相当大的影响。

4.**幡竿** 晚唐至宋壁画中的大寺，多见在正殿庭院左右立二幡竿，竿首作龙头形，多衔一巨幡（图13、17）。白敏中记明福寺之"植修茎以飞幡"[46]，就是幡竿。《酉阳杂俎》卷四曰："萧瀚初至遂州，造二幡竿施于寺"，说明幡竿是成对的。慧琳《一切经音义》卷六："案西域别无幡竿"，正可反证中土已多用之。壁画幡竿下部多被遮挡，有露出者，可见幡竿颏的形状。至于幡竿端置龙头，又名金刚幡，可见于《瑜伽经拾古钞》的记载。

敦煌壁画中的佛寺，在五代、宋初的一百多年时间里，和唐代相比布局上并没有什么大的变化。所以，唐以后至宋，敦煌壁画中的佛寺大致上仍然反映着唐代的情况。唐代佛寺，虽有南禅寺、佛光寺两座中晚唐的实例，但寺内正殿以外其他建筑都系后代所建，原来的布局肯定已经改变，且规模上相形见绌，不能与壁画相提并论。文献中所记唐代佛寺皆支离不详。就是专记两京寺塔的《寺塔记》也正如该书跋语："寺塔记载长安两街梵刹，征释门事甚委，更著壁障绘画，而不及土木之宏丽"。有关的资料是很贫乏的。现在这一批敦煌壁画，一下子给我们提供了数百幅建筑组群的图样，其宝贵的价值自不待言，值得我们对它作深入的研究。

[41] 宋·宋白咸平四年（公元1001年）《大相国寺碑铭》；见熊伯履《相国寺考》，河南人民出版社1963年版。

[42] 伊东忠太《法隆寺建筑论》第10编引：《古今目录抄》"东钟楼西经藏共三间也"；《七大寺日记》"金堂东钟楼云云、西经藏云云"；《七大寺巡礼私记》"东有钟楼西有经藏"（《日本建筑の研究》上，龙吟社，1942年，155，164页）。

[43] 《北梦琐言》卷三记曰："唐段相文昌家属江陵，以贫窭修善，常患口食不给，每闻僧寺钟动，辄诣就食，为寺僧所厌，自是乃斋后扣钟，其晚至而不遗食也"。别书则将此事归于王播或吕蒙正，在此都无关紧要，总之，是说明了寺院开饭时是要打钟的。又《入唐求法巡礼行记》有多处皆记有讲经法会时的打钟情况。

[44] 上述诗句出自隋·孔德绍《送舍利宿定晋岩寺》、炀帝杨广《谒方山灵岩寺》和唐·孟浩然《疾愈过龙泉寺精舍呈易业二公》、韦应物《秋景诣琅琊精舍》、崔峒《宿禅智寺上方演大师院》、张继《枫桥夜泊》等。又，更早的诗句尚有南朝江总《摄山栖霞寺山房夜坐简徐祭酒周尚书并同游群彦》。以上均录自《古今图书集成》。

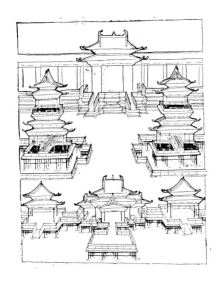

图22　榆林窟第3窟北壁经变画中佛寺（西夏）

㊺ 唐代寺院中之所以不用大鼓恐
与当时实行城市夜禁有关。当
时城市戒备森严，城门、坊门
晨昏开关皆有定时。长安城中
正对十二城门的大街上设有街
鼓，晨时鸣鼓三千，暮时击鼓
八百，各门启闭，皆随鼓声。
夜间禁人行，除元宵三日金吾
不禁外，实则夜夜戒严。又官
署办公，分朝衙晚衙，也设鼓
为号（见《入唐求法巡礼行记》：
"唐国风法，官人政理，一日
两衙。朝衙晚衙，须听鼓声"。
又白居易诗《城上》云："城
上冬冬鼓，朝衙复晚衙"）。
这样，当然就不能容许寺院也
设大鼓来搅乱视听了。宋初，
汴梁府仍设有街鼓，但由于封
建商品经济的发展，出现了繁
忙的日夜贸易，夜禁显然已不
可能。故宋太祖于乾德三年
（公元965年）就颁诏废除夜
禁。仁宗时又废街鼓制。鼓声
也就逐渐不再具有那种严重的
警戒意义了，从而大鼓有可能
在宋代以后的佛寺中得到使
用。宋代佛寺用鼓，可由宋·
李弥逊《独宿昭亭山寺》："山
寒六月飞霜雪，楼殿夜深钟鼓
歇"；程渊《肖山觉苑寺雪后
杜门》："诗书废放道眼净，
钟鼓杳隔禅房深"等诗得到佐
证。
㊻ 见㉓。
㊼ 见宋·李诚《营造法式》卷二
十九石作制度图样阶基叠涩坐
角柱、卷十五砖作制度须弥坐。
㊽ 同㉕。

五　西夏晚期壁画中的佛寺

最后，我们还要谈到两幅精美的西夏壁画，它们分别画在榆林窟第3窟内南、北壁的中央，都是西方净土变，系十三世纪初西夏晚期的作品。其构图，设色，用线都和唐宋以来的壁画风格大异其趣，而和中原南宋绘画及稍后的元代永乐宫壁画作风十分接近。图中所绘建筑的结构、造型也与唐代流行的样式有很大区别，却和内地宋、金建筑风格相通，尤其与正定县隆兴寺建筑更为接近，在整个敦煌壁画中，呈现出新颖的面貌。

两幅壁画中佛寺布局相近，都画出了寺院后部中轴线一带的建筑。最后部正中大殿三间，重檐歇山顶，座落在颇高的须弥座上，须弥座样式犹如《营造法式》所述㊼。在殿前台基左、右或左、中、右分设踏道通至平地。殿左右接后廊。南壁所画后廊的左右端有重檐攒尖方亭。殿前庭院左右各一水池。池中各立一座两层楼阁，重檐歇山顶，并有平座层。南壁的楼阁下层四面各接出一个歇山面向前、面阔一间的龟头屋。由此二楼再往前的建筑配置，南壁的较简单，是在左、中、右三座门屋之间连以廊。这三座门屋都是三间单层，覆重檐歇山顶。北壁的较复杂，其正中建筑是一座单层重檐歇山顶殿堂，殿堂四面又各接出一个龟头屋，也是歇山面向前。南面的龟头屋为三开间，其余龟头屋为一开间。在此殿左右各有一重檐攒尖方亭。这三座建筑都分别立在木台上，木台架立于水中，三座木台间可相交通，但没有廊子连接。依情推断它们都不是门屋，所以这三座建筑都还不是寺院的前部（图22）。

重檐的作法，在全部敦煌壁画中，尚只见于西夏晚期，此二图的所有建筑除廊子外全部都是重檐的。

关于西夏建筑的情况文献记载很少，据《旧唐书·党项传》记党项旧俗"居有栋宇，其屋织氂牛尾及羊毛覆之，每年一易"。又据西夏《番汉合时掌中珠》，其中既有木构建筑的各种术语，也有"帐毡"等名称，可以略窥党项族旧为游牧时有庐帐居住的习惯，在建国以后，力求汉化，其生产方式也由游牧渐渐发展到定居农业，木结构建筑也就盛行了。壁画中显示的高度成熟的木结构建筑形象，也从一个侧面反映了西夏晚期的经济高涨。

正定隆兴寺初创于隋，现存多宋代建筑，其总平面和某些单体建筑与此二图尤其是北壁之图十分接近㊽。隆兴寺中部的摩尼殿，最近发现有北宋皇祐四年（公元1052年）年号，也是中间重檐歇山顶，平面近似方形；也在四面各接出一个歇山面向前的龟头屋，其南向者为三间，其余三面只一间。这些，都几与上述北壁寺院图下部中央的建筑完全一样。摩尼殿后有戒台。戒台后面，左右各峙一阁，称慈氏阁和转轮藏殿，均系宋建；形制都是二层的带平座的重檐歇山顶的楼，除底层向寺院中轴的一面有雨搭外，也和此图左右对峙的楼阁完全一样。二图都没有画出钟鼓楼，应是此时寺院的钟鼓楼都已不再放到后部，而普遍放到前部的缘故，隆兴寺也就是这样的。

榆林窟西夏壁画与隆兴寺宋代建筑之间的这种惊人的相似，决非偶然。西夏自公元1032年建国后不久即于大庆元年（北宋景祐三年，公元1036年）占领敦煌，一直到南宋宝庆二年（公元1226年）被蒙古人攻灭为止，统治敦煌近二百年。在这近二百年中，西夏统治者野心勃勃地不断企图向中原扩张，但当它受到挫折时，又对统治中原的宋、辽表示臣服。后来金代辽兴，西夏和金由于都要对南宋进行战争，双方妥协，保持了八十余年相安无事的局面。不论是战争还是和平，西夏与内地的关系都很密切。敦煌在这样的历史背景下与中原进一步加强了文化交流，改变了它从中唐开始长期与中原隔绝的相对孤立状态。敦煌艺术也从中唐以来持续很久的保守作风中解脱出来并又向前发展了一步。壁画中的建筑，无疑也是这种情况的反映。故壁画与隆兴寺的若合符节，是可以理解的。

西夏以后，敦煌艺术中再没有留下什么建筑形象。

六　结　语

佛寺，是我国古代尤其是唐宋时的一种重要的建筑类型。敦煌石窟中的佛寺资料，在北朝时可由其洞窟形制间接探求，隋唐以后则主要出现在大量表现佛国净土的壁画变相里。虽然所图本系想象中的极乐世界，但以之与现存实例以及唐宋文献中的佛寺相较，皆能息息相通，若剔除其中若干想象成份，诚具有莫大之研究价值。

敦煌地处边鄙，画家不可能经常看到大寺院的气象，壁画佛寺的宏大规模适足以证明壁画底本实际来自中原两京。两京绘画，既能传至敦煌，更西还要到达新疆，又能东渡扶桑。此又可进而知大唐文化势力之雄厚。考之各代文献和实例，在在都可看出敦煌艺术与中原的关系，从而也增加了我们对敦煌历史政治情况和对整个敦煌艺术的认识。

中国古代各类型建筑的布局，大致皆可互通，所以对佛寺的认识，也不妨可扩大作为认识其他各类建筑的参考，故本文虽题为佛寺，旨在由此生发，研究的方向不仅限于佛寺一端。

报恩经和莫高窟壁画报恩经变

李永宁

莫高窟壁画中的报恩经变是根据《大方便佛报恩经》（七卷本）①绘成的。《大方便佛报恩经》亦名《大方便报恩经》、《报恩经》（以下从简，径称《报恩经》），经文见录于《碛砂藏》、《频伽藏》和《大正藏》等经藏。

莫高窟现存报恩经变始于中唐，历晚唐、五代、宋诸代，到西夏不复出现。报恩经变由盛行到消失，是与当时的中国、尤其是河西和敦煌的社会状况及政治形势紧密相关的。本文拟就《报恩经》及报恩经变的产生及其社会意义等诸问题谈谈看法，以求正于识者。

一 关于《报恩经》

《报恩经》有一卷本和七卷本两种同名卷本。据历代经目记载，一卷本为"汉支谶"所译，但早已失传，甚至梁、隋经目大师僧祐、费长房等亦未能得见其文。在莫高窟绘制报恩经变的依据无疑是七卷本。

历代经目关于七卷本《报恩经》译者及译经时代的记载不一致。梁天监年间（公元502～519年）僧祐撰《出三藏记集》②、隋开皇十四年（公元594年）法经等撰《众经目录》③、隋仁寿年间（公元601～604年）彦悰等撰《众经目录》④及唐麟德元年（公元664年）道宣撰《大唐内典录》⑤等，均无此经译者及译经时代。武周延载元年（公元694年）明佺等所撰《大周刊定众经目录》（以下简称《大周录》）的《大乘重译经目》中⑥，录《报恩经》目两条，一条注"右汉代支谶译，出长房录"，另一条无译者及译经时代。其后的《开元释教录》⑦及《贞元新定释教目录》⑧中，所录《报恩经》目共五条。其中失译、失时者两条⑨，注"失译在后汉录"者三条⑩。

以上关于七卷本《报恩经》译者，唯独《大周录》中一条记有"右汉代支谶译、出长房录"。但是，在早出的梁、隋经目中都没有时代及译者。费长房《历代三宝记》（简称《长房录》）中，虽将此经列入"后汉录"经目，却也并无译者可考⑪。显然，《大周录》所记的译者是值得怀疑的；而所谓"后汉录"，当然也是难以取信的。

历代经目大师，虽录该经入目，却多有质疑。如隋法经之所以将其入目，仅仅是因为"古录备有，且义理无违"⑫。隋费长房则认为这些失译经卷"芜秽者众"、"实难诠定"，并希望有""博识"者能"脱疑本流⑬。他自称所编藏目往往不过是因循旧说"依众录判附"而已，所以还为此"犹怀惟咎"⑭。至于早于隋代法经、费长房的梁朝僧祐，则态度更为鲜明。僧祐在《出三藏记集》的《新集续撰失译杂经录》中，谈及《报恩经》等经失译情况时说：

"祐总集众经遍阅群录，新撰失译犹多卷部，……其两卷以上（包括《报恩经》在内）凡二十六部，虽阙译人，悉是全典。……盖寡观其所抄，多出四含、六度、道地、大集、出曜、贤愚及譬喻生经；并割品

① 《大正藏》卷 3《本缘部》，pp.124～166。
② 《出三藏记集》录卷第四《新集续撰失译杂经录》（《大正藏》卷55，p.21）。
③ 法经《众经目录》卷一《众经失译》（《大正藏》卷 55，p.120）。
④ 仁寿年《众经目录》卷一（《大正藏》卷55，p.152）。
⑤ 《大唐内典录》卷六（《大正藏》卷55，p.287）。
⑥ 《大周刊定众经目录》卷三（《大正藏》卷53，p.378）。
⑦ 《开元释教录》（《大正藏》卷55，pp.497～723）。
⑧ 《贞元新定释教目录》（《大正藏》卷55，pp.771～1048）。
⑨ 见《大正藏》卷55，p.732、1033。
⑩ 见《大正藏》卷55，p.602、934。另见《碛砂藏》第457册，p.160。《大正藏》卷55，p.687的同一条目未载译者、时间。
⑪ 隋开皇十七年（公元597年）费长房《历代三宝纪》卷四（《大正藏》卷49，p.54）。
⑫ 《大正藏》卷55，p.122。
⑬ 《大正藏》卷49，p.55。
⑭ 《历代三宝纪》卷十三，《大正藏》卷49，p.109。

截揭，撮略取义，强制名号乃成卷轴；至有题目浅拙，名与实乖，虽欲启学，实芜正典。其为愆谬良足深诫"⑮。

由此可知，历代经目大师对《报恩经》是否"真经"⑯虽无确论，但毕竟多少抱着怀疑态度的。上引僧祐所述，对我们考察《报恩经》之真伪及其本源，实在有提纲挈领的作用。

《报恩经》共七卷九品，其为：序品第一、孝养品第二、对治品第三、发菩提心品第四、论议品第五、恶友品第六、慈品第七、优波离品第八、亲近品第九。除了《优波离品》讲述戒律外，其余各品的主要内容无非两个方面：一方面是以孝事亲，以忠报主，以孝悌安邦并慈愍众生，如序品⑰、孝养品⑱、论议品⑲、恶友品⑳及慈品㉑等。另一方面是皈依佛门，发菩提心得无上正觉以报佛恩，如对治品㉒、发菩提心品㉓，慈品㉔及亲近品㉕等。

由此观之，《报恩经》是宣传上报佛恩、中报君亲恩、下报众生恩的经典。其中以报君亲恩为主。但也可看到，有部分经品没有很好地紧扣"序品"所定的孝亲主题，使人感到全经并非按原意一气呵成。这大概就是僧祐的"名与实乖"之谓吧！

《报恩经》各品中的主要故事，多散见于《贤愚因缘经》㉖及《大般涅槃经》㉗等。现列表对比于后：

	《报恩经》中的本生、譬喻故事	其它经典中相同或类似的故事
1	《报恩经·序品》婆罗门子乞食	《贤愚经·须阇提品》婆罗门子乞食
2	《报恩经·孝养品》须阇提太子本生	《贤愚经·须阇提品》须阇提太子本生
3	《报恩经·对治品》转轮圣王以身剜千疮燃千灯本生	《贤愚经·梵天请法六事品》虔阇婆梨大国王本生
4	《报恩经·论议品》鹿母夫人本生	《杂宝藏经·莲华夫人品·鹿女夫人缘品》
5	《报恩经·恶友品》善友太子本生	《贤愚经·善事太子入海品》
6	《报恩经·慈品》大光明王第一大臣先王自刎	《贤愚经·月光王头施缘品》
7	《报恩经·慈品》五百盲贼皈佛	《大般涅槃经·梵行品》五百盲贼成佛
8	《报恩经·慈品》华色比丘尼本缘	《贤愚经·微妙比丘尼品》
9	《报恩经·亲近品》金毛狮子本缘	《贤愚经·坚誓师子品》

《贤愚》、《涅槃》等经都是"真经"，译经有时、有人㉘。因此，有理由认为，《报恩经》是改写、增删和篆辑上述各经有关经品而成，即僧祐所说"多出四含、六度、大集、出曜、贤愚及譬喻生经"。

试分析《贤愚经·须阇提品》与《报恩经》之间的关系。

《贤愚经·须阇提品》先后讲了两个故事，一个是讲婆罗门子乞食孝养父母；另一个是讲佛说须阇提割肉济父。两个故事都讲孝养父母，前后思想连贯统一。但是，这个品在《报恩经》中被割裂开来，其中婆罗门子乞食故事被列入"序品"，作为佛说《报恩经》的缘起。须阇提割肉济父故事则被列入"孝养品"，专讲以孝复国之道。这正是僧祐所批评的"割品截揭，撮略取义，强制名号乃成卷轴"的做法。

《报恩经》各品既多取录于《涅槃》、《贤愚》等经，其编纂年代自然应在这些经成经以至译成汉文后。查现存资料，《报恩经》最早见

⑮ 同②.

⑯ 此所谓"真经"，是指确实译自天竺的经典。

⑰ 其中讲婆罗门子行乞以美食孝养父母，阿难问佛，佛法中有无孝养父母？佛为此而说《报恩经》。此为全经的要旨。

⑱ 其中讲须阇提太子割肉济养父母，终使其父借兵复国。

⑲ 其中讲忍辱太子挖己双眼，抽己骨髓救治父王而成佛。

⑳ 其中讲善友太子广为布施，救助众生，入海取摩尼宝珠，被弟恶友所害；后得救回国，不念旧恶，善待恶友，并以宝珠变衣物财宝，使人民丰足，国家安泰。

㉑ 其中讲第一大臣不忍见其主大光明王以头施敌国，先王自刎以尽其忠。

㉒ 其中讲转轮圣王以身剜千疮燃千灯，以求无上正觉。

㉓ 其中讲佛在过去世，起身口意三业而堕火车地狱，后发菩提心而脱离地狱成佛。

㉔ 其中讲五百贼被剜眼放逐，后因得佛拯救，盲眼复明，皈依佛门。又讲华色比丘尼未削发前，嫁夫夫死，生子子亡，数次改嫁，两次被活埋，终因佛念人生之苦而使其成道。

㉕ 其中讲金毛狮子坚誓，亲近佛法，尽知佛法忍辱不恶之精义，受害临死仍不图报复，终至成佛。

㉖ 《大正藏》卷4《本缘部》，pp.349~445.

㉗ 《大正藏》卷12《涅槃部》，pp.365~603.

㉘ 《贤愚经》是释昙学威德等八位僧人，听学于于阗大寺般遮于瑟大会后集三藏诸学讲经，译为汉语，又由释慧朗于刘宋元嘉二十二年(公元445年)集成此经，并以《贤愚经》名之；见《出三藏记集》卷九(《大正藏》卷55，p.67.)。《大般涅槃经》，北凉时由中天竺沙门昙无谶携来，玄始十年河西王劝请昙无谶译此经；见《出三藏记集》卷八道朗《大般涅槃经序》(《大正藏》卷55，p.60).《杂宝藏经》为西域三藏吉迦夜与昙曜共译于北魏孝文帝正兴二年(公元472年)，见《大正藏》卷49，p.43.

㉙ 《经律异相》（《大正藏》卷53，p.23、174、164）.

㉚ 见㉘.

㉛ 《大正藏》卷53，p.1.

㉜ 《孝经·开宗明义章》（建德周氏藏宋本《四部丛刊初编》第九册，p.2，上海商务印书馆印）.

㉝ 《高僧传》卷五《道安传》（《大正藏》卷50，p.352）.

㉞ 刘勰《灭惑论》，见《弘明集》卷八（《大正藏》卷52，p.50）.

㉟ 梁·萧琛《难神灭论》，《弘明集》卷九（《大正藏》卷52，pp.57~58）.

㊱ 《大慈恩寺三藏法师传》卷九（《大正藏》卷50，p.272）.

㊲ 关于报恩经变相出现于唐初一说，松本荣一氏是根据显庆元年玄奘法师向高宗呈进"报恩经变一部"的记载（《敦煌画の研究》，东方文化学院东京研究所，1937年）. 实际上玄奘所进者并非"变相"，而是《报恩经变文》. 关于这个问题，潘重规先生《敦煌变文新编》亦有所述（台北《幼狮》月刊第四十九卷第一期，p.43，1979年）.

㊳ 倪璠《庾子山集注》卷十二，（中华书局1980年版，p.677）.

录于梁宝唱《经律异相》㉙，因此，其编纂年代必定在《经律异相》成书之前。《涅槃经》译于北凉玄始十年（公元421年）；《贤愚经》集成于刘宋元嘉二十二年（公元445年）《杂宝藏经》译于北魏正兴二年（公元472年）㉚；《经律异相》辑书于梁天监十五年（公元516年）㉛。故《报恩经》撰辑成经时代当在南朝宋、梁之际，即公元445~516年之间。

早有《贤愚》《涅槃》等经，何以另外大费功夫编纂一部《报恩经》呢？这就需要探究其当时的社会和历史原因。

自汉代以来，汉族社会思想以儒家为正统，以忠孝为核心，主张"孝始于事亲，中于事君，终于立身"㉜。所以历代君王都以"孝"作为立家治国的思想基础，并从政治、法律、教育等方面予以充分的支持和保障。这种以帝王出面倡导孝道，实际上归结为忠于君国的思想，形成了中国独特的伦理道德和政治法律观念。这也成为在民族纷争、遭受外来侵略时维系民族、国家统一的精神纽带之一。佛教所宣扬的髡发绝后、父子轮回互易以及不拜君王的教义，与儒家的伦理观念相悖。这种情况当然不利于它赢得帝王的充分支持，也有碍于它得到生活在封建家族制之下的庶民百姓的广泛信仰。南北朝时期，儒佛之间曾就此讥锋相向，吵得不可开交。最后，佛教在"不依国主，则法事难立"㉝的无可奈何心情下，竭力调和佛教出世主义和传统思想之间的矛盾，例如说："夫孝理至极，道俗同贯，虽内外迹殊，而神用一揆"，并要"弘孝于梵业"㉞。甚至不惜作出更大让步，对违犯佛家戒律、应受业报的人也因忠孝而予以解脱，认为"罪福之理，不应殊于世教，背乎人情。若有事君以忠，奉亲唯孝，与朋友信"者，都不能"以一眚掩德"，应"息末（佛戒）而尊本（忠孝）"㉟。由此，佛徒在社会中所占的一席地位，也在与儒家的妥协和默契中得到了巩固和提高。以宣扬佛教"报四恩"而实际迎合儒家孝悌忠信思想的《报恩经》，应就是在这一过程中纂辑产生的。这种调合深得梁武帝等主张三教合流的帝王赏识，也成为隋以后佛教得以大发展的重要原因之一。名著史籍的唐玄奘，在显庆元年为唐高宗太子佛光王满月呈献《报恩经变》一事㊱，即可说明《报恩经》在历史上的社会功能以及帝王对它的重视。

二 莫高窟壁画中的报恩经变

报恩经变最早出于何时，目前还难于考订。松本荣一氏在《敦煌画之研究》中确定于唐初，其实不尽然㊲。据北周庾信《秦州天水郡麦积崖佛龛铭并序》："昔者如来追福，有报恩之经，菩萨去家，有思亲之供"㊳。很可能早在北周，麦积山石窟即已有报恩经变相出现。在初唐，报恩经变文和报恩经变相应已相当流行。

如今在莫高窟所见报恩经变不见于初唐及初唐之前，最早见于盛唐晚期的第148窟，以后逐渐增多，一直延续到宋代。在将莫高窟壁画所见报恩经变大体按时代顺序列表于右。

右表所列的第365窟和第94窟现存壁画均为西夏时所绘，但仍把它们列为有报恩经变的洞窟，理由如下：

第365窟，即"七佛阁"。窟呈长方形，南北宽、进深短，西壁有横贯南北的佛坛，坛上塑坐佛七身。现存壁画和塑像均为西夏改塑和

时代	窟号	壁画位置	年代	序品	孝养品	恶友品	论议品	亲近品	备注
盛唐末	148	甬道顶南、北披	大历年间 公元766—779年		1	1			部分塌毁
中唐	365		吐蕃鼠年(壬子)—虎年(甲寅) 公元833—834年	1	1				已被西夏壁画覆盖
	231	东壁门南侧	唐开成四年 公元839年	1	1	1	1		
	31	北壁东起第二铺		1	1	1			
	258	南壁东起第二铺		1		1			漫漶不清，仅能辨认部分
	112	北壁东起第二铺		1	1		1	1	
	236	西壁龛内屏风画		1	1	1	1	1	
晚唐	156	北壁东起第三铺	咸通二年—八年 公元861—867年	1	1	1	1		
	85	南壁东起第一铺		1	1	1	1	1	
	94		乾符年间 公元874—879年						已被西夏壁画覆盖
	12	东壁门南侧	文德二年 公元889年	1		1			
	138	东壁门北侧	光化三年—天祐二年 公元900—905年	1	1		1		
	138	北壁西起第二铺		1		1	1	1	
	146	南壁东起第一铺		1	1	1	1	1	
	154	北壁东起第一铺		1		1	1		
	19	北壁东起第一铺		1		1			
	238	西壁龛内屏风画				1			
	147	西壁龛内屏风画			1	1	1		
	144	北壁东起第一铺		1		1			
	145	北壁东起第一铺		1		1	1		
	141	南壁东起第一铺		1	1				
五代	98	南壁东起第一铺	后唐同光三年 公元925年	1	1	1	1	1	
	100	南壁东起第三铺	后唐清泰三年—后晋天福四年 公元936—939年	1	1	1	1	1	
	108	南壁东起第一铺	后晋天福三年前后 公元938年前后	1	1	1	1	1	
	5	南壁东起第一铺	后晋开运二年—宋开宝七年 公元945—974年	1	1	1			
	61	南壁东起第一铺	后晋开运三年—后周显德四年 公元946—957年	1	1	1	1	1	
	449	东壁门南侧				1			

宋	55	南壁东起第三幅	宋建隆三年—乾德八年 公元962—968年	1	1	1	1	1
	454	南壁东起第三幅	宋开宝九年—太平兴国五年 公元976—980年	1	1	1	1	1
合　计				24	20	25	17	11

㊴ 该藏文题记，根据中央民族学院黄文焕先生的译文是"圣神赞普弃宿隶赞 三世……（赞普）宕德（广被），垂念众生……（洪辩）……复此佛殿于阳水鼠（壬子）年之春（或夏）兴建……阳木虎（甲寅）年仲秋月开光承礼。"又据黄文焕先生译证："弃宿隶赞"即"可黎可足"之全称，即史书所称之"热巴津"。热巴津是公元815～836年在位，故第365窟兴建时间应在公元832～834年。

㊵ 敦煌石窟遗书P.4640。

㊶ 吴僧统，就是洪辩，晚唐任沙州都僧统。在第365窟下的第17窟（即藏经洞）就是吴僧统之影窟（见马世长《关于敦煌藏经洞的几个问题》，《文物》一九七八年第十二期），与第365窟上下相邻。莫高窟现存塑有七佛或能容纳七佛横列并坐的洞窟也只有第365窟，且藏文题记中亦有"洪辩"（洪辩）名字出现。因此，吴僧统碑所记"七佛之窟"，非第365窟莫属。

㊷ 参看藤枝晃〈燉煌千仏洞の中興——張氏諸窟を中心とした九世紀の仏窟造営〉（《東方学報》第35册，102～103页，京都大学人文科学研究所，1964年）。

㊸ 金维诺《敦煌窟龛名数考》，《文物》一九五九年第五期。

㊹ 敦煌石窟遗书P.3720、S.5630。

㊺ 参看藤枝晃〈燉煌千仏洞の中興〉84页。

图1 第365窟佛坛坛沿藏文纪年题记

重绘。根据在佛坛坛沿中部剥出中唐壁画上的藏历鼠年（壬子）至虎年（甲寅）即公元832～834年藏文造窟纪年㊴（图1），可知该窟凿建于吐蕃统治敦煌时期。《大蕃释门教授和尚洪辩修功德碑》（即吴僧统碑）㊵中有"凿七佛之窟"的记载，指的就是第365窟㊶。又据同一碑文记载，"七佛之窟"中壁画内容有"报恩乃酬起二亲"云云。显然这是说该窟在当时绘有《报恩经》中的"序品"或"孝养品"之类㊷。

第94窟，即"腊八燃灯"文书中所说的司徒窟㊸。该窟是张淮深于乾符年间（公元874～888年）所凿，现存壁画为西夏重绘。但据《张淮深造窟记》㊹称，该窟所绘壁画内容中有"如意宝珠，溥施群生于有载"的情节，可知该窟当时至少绘有《报恩经·恶友品》㊺。

总的来说，壁画报恩经变较之初、盛唐时期某些经变画那种生动活泼、富于变化的画面，已大为逊色，稍显板滞。它的结构形式，归纳起来，可分为五种：

1. 在甬道盝形顶的两披各绘一经品，画面呈横条形（图2），仅一例，见于盛唐末大历年间的第148窟。

2. 与初、盛唐观无量寿经变形式略同，在说法图的两侧各绘一长条竖幅经品故事（图3），如第138（东壁）、154、19、141、258等窟。

3. 在说法图的下面加绘屏风画数条，表现序品、恶友品等（图4），如第12窟。

4. 中央画说法图，下部及左右两个上角绘经品。一般是在说法图下画序品、孝养品、恶友品，两上角画亲近品、论议品（图5）。这种形式在晚唐，尤其是五代、宋时期几乎形成定制，如第112、156、61、454、31等窟。另外，由这种形式发展而来的，还有些洞窟在上述构图的两侧或下面加绘竖条幅和屏风画（图6），如第231、144、145、55等窟。

5. 龛内屏风画。有关各经品以屏风画的形式描绘于龛内南、西、北三壁（图7），如第236、238、147等窟。现在，塑在龛内壁画前面的多数塑像已经残毁，因而使我们得以观赏许多画幅的全貌。这种形式的画面里大多没有说法场面。它们和龛内的塑像组成的说法场面合成一个整体，这亦是莫高窟艺术中绘塑结合手法的又一种表现。

在莫高窟26个窟现存27幅报恩经变中，所绘的主要情节大多比较完

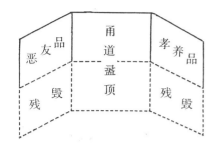

图2　报恩经变构图形式之一

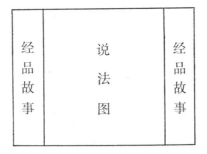

图3　报恩经变构图形式之二

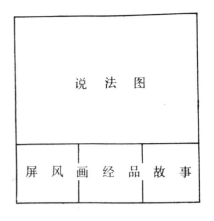

图4　报恩经变构图形式之三

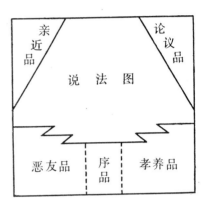

图5　报恩经变构图形式之四a

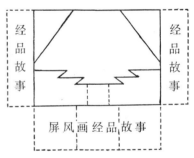

图6　报恩经变构图形式之四b

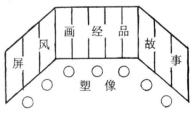

图7　报恩经变构图形式之五

整。但所书榜题却只有很少一部分保存下来，且多已模糊，字迹隐约可见，还常与画面形象不相符合。仅第61窟榜书较为清晰，并大致与所绘情节相符。经初步调查，各窟报恩经变所绘内容，仅限于序品、孝养品、论议品、恶友品和亲近品等五品中的若干本生和因缘故事。略述于后：

一、序品⑯

除第148窟甬道顶和第236、238、147窟龛内屏风画未画序品外，其余23处画面都有序品。序品是佛说《报恩经》的缘起部分，讲佛住王舍城耆阇崛山中，"与大比丘众二万八千人俱"。尔时阿难入王舍城乞食，遇一婆罗门子亦次第行乞，所得美食孝养父母，所得恶食而自食之。阿难见之心生欢喜，偈赞此人。又有一梵志，为六师徒党，骂佛祖不孝无恩。阿难回到耆阇崛山中，具说上事，问："佛法之中，颇有孝养父母不耶？"于是释迦面露微笑，面门放五色光照四方佛土，说《报恩经》。这是全经的要旨。一些序品只绘释迦说法及四方诸佛、菩萨及眷属赴会听法的场面（图8）。其表现形式类似净土变中的说法图，即佛坐大殿正中，左右二菩萨胁侍，周围簇拥着众多赴会听法的声闻、天龙八部和眷属等。前面有水榭，其上设伎乐。佛头白毫放"五色光"，照出头顶上瑞云中的四方赴会诸佛。赴会诸佛均坐莲台，各有二菩萨胁侍。另一些画面还在说法图下正中，绘一赤裸上身的婆罗门，肩负一老人；一旁，立一僧

图8　第98窟报恩经变

⑯　《大方便佛报恩经》卷一（《大正藏》卷3，pp.124~127）。

人托钵执杖；又画一婆罗门，作与僧人驳难状。显然，这是《报恩经·序品》中阿难路遇婆罗门子乞食孝养父母，以及六师徒党向阿难毁骂佛祖不孝父母的情节。

二、孝养品——须阇提太子本生⑰

第61窟的孝养品（图9），画面较清晰、情节较完整，可大体分作五个段落（图10）：

1.按经文所述，波罗奈国大臣罗睺杀老王篡位，同时兴兵征伐作为边小国王的小太子（小王）。小王治国仁善，受人爱戴。有守宫殿神向小王报警。小王便携夫人及太子须阇提逃亡。此段情节画面的主体为小王的王城。报信的守宫殿神乘云停在城上方，城门口画小王、夫人及太子须阇提出门而去。这一画面，另一些洞窟（如第138窟）绘一木梯靠在城墙上，小王站立城外，夫人和太子正顺梯而下。

图9 第61窟报恩经变孝养品

图10 第61窟报恩经变孝养品情节示意图

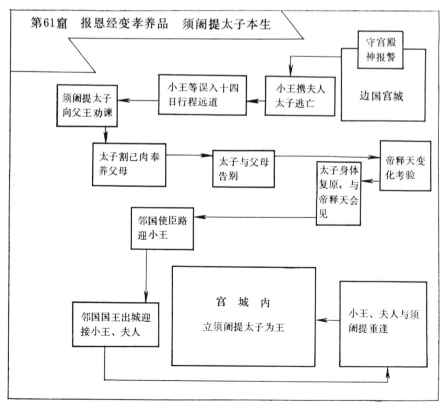

⑰ 《大方便佛报恩经》卷一（《大正藏》卷3，pp.128～130）．

2．小王率妻子仓惶出逃，误入十四日行程的远道。数日后粮食罄尽，前路犹远，小王拟杀夫人，以食其肉，但被太子须阇提劝止。太子割己肉三人分食，不数日，须阇提肉尽，不能前行，于是剔骨节余肉以献父母，促父母速逃邻国。此段情节共四个画面，先画出亡途中小王及夫人坐在地上，疲惫饥饿而不能行，须阇提在旁侍立。其次画须阇提立于小王及夫人之间，伸手阻拦，劝父王勿杀其母。在第148、98、108等窟中，则更具体地画出小王抽剑在手，太子阻止，夫人掩面而逃的情状。接着，画须阇提赤身举手托盘盛肉，面向王及夫人。有的壁画在画托盘献肉之前，先画太子坐在石上，持刀切割股肉。此段情节的末尾，画身肉已尽的须阇提跪伏地上，送别父母。父母启步前行，犹回头作依依不舍状。

3．王及夫人去后，天帝释为考验须阇提欲求无上正觉的诚意，"化作狮子、虎狼之属"，来欲搏啮。太子不动，并发宏誓，愿舍身"欲求无上正真之道，度脱一切众生"，于是血肉顿生，"身体平复如故"。此段情节，画须阇提面对狮虎，盘腿合十，端坐石上。此稍左绘一佛乘云而至，须阇提身着衣冠坐于地上，表示发大誓愿后，"身体平复如故"。按经文，此处的佛应画作帝释。这里是画者的笔误。第148窟的同一画面中，画的是帝王冠服的帝释形象，与经文相符。

4．小王及夫人到了邻国，邻国国王闻上事因缘，深为须阇提的慈孝所感动，"即合四兵"伐罗睺。此段情节省略了征伐场面，只画邻国使臣路迎小王、夫人和邻国国王出城迎接小王、夫人。榜书："大王夫人到彼国……大王夫人请入国内"。

5．小王及夫人归国途中，寻找须阇提身骨，遥见太子"身体平复，端正异常"，于是倍加欢喜而"共载大象还归本国"。最后因"以须阇提福德力故，伐得本国，即立须阇提太子为王"。此段画面共两幅，一是小王及夫人率侍从与衣冠完整的须阇提在荒野相会。王与太子坐地，夫人及随从侍立。另一画面为宫城内二层歇山顶楼阁，楼下殿堂上居中为须阇提，其父坐右侧，其母及嫔妃、侍从立左侧。这大概就是"立须阇提太子为王"。

三、论议品——鹿母夫人本生④

此品一般都画在报恩经变说法图内的右上角或左上角，所占面积小，情节简单。也有些情节较完整的画面，都画在说法图外一侧的条幅内或龛内屏风画内。现依据第231窟经变左下角的论议品画面（图11）叙述如下（图12）：

1．经文说，在波罗奈国圣游居山中，有一南窟仙人，一北窟仙人。南窟仙人浣衣洗足便溺于泉边，被一雌鹿舐食而怀妊。月满，鹿产一女，由南窟仙人收养。画面以深山为远景，自上而下依次表现南窟仙人在泉边便溺、雌鹿饮水舐食、雌鹿产女、南窟仙人伸手抱女和雌鹿弃儿逃逸等情节。

2．鹿女长到十四岁。一日，不慎熄灭火种，南窟仙人令其向北窟索取火种。鹿女到北窟求火。北窟仙人见鹿女足到之处皆生莲花，故嘱其右绕七匝。鹿女遵嘱绕行，于是莲花环窟而生。壁画绘出两个场面：南窟仙人坐在窟中，鹿女在侧聆听训示；北窟仙人坐窟中，鹿女正绕窟而行，足下生莲。

3．波罗奈王游猎，见北窟仙人窟外朵朵莲花，得知是鹿女足下所

④ 《大方便佛报恩经》卷三（《大正藏》卷3，pp.138～140）。

图11 第231窟报恩经变论议品

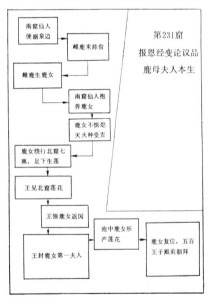

图12 第231窟报恩经变论议品情节示意图

（图中流程图文字：）

南窟仙人便溺泉边 → 雌鹿来舐食
雌鹿生鹿女
南窟仙人抱养鹿女
鹿女不慎恚灭火种受责
鹿女绕行北窟七匝，足下生莲
王见北窟莲花
王领鹿女返国
王封鹿女第一夫人
池中鹿女所产莲花
鹿女复位，五百王子殿前朝拜

第231窟
报恩经变论议品
鹿母夫人本生

⑭ 《大方便佛报恩经》卷四（《大正藏》卷3，pp.142～147）。

生，即往南窟求索鹿女而去。画面是二国王率臣属骑马到北窟，见环窟莲花；王领鹿女率臣属出山；南窟仙人立于高山顶向鹿女去处遥望。

4．波罗奈王携鹿女回宫拜为第一夫人，名鹿母夫人，不久怀妊生产一朵莲花。国王责鹿女畜类所生怪物，废第一夫人，并弃莲于池。一日，王与群臣嬉游池边，见池中莲花发赤红光华，派人摘取，于莲花中得五百儿。国王知是鹿母所生，向鹿母夫人自责悔过。后五百太子长大，"一一太子力敌一千，邻国反叛不宾属者自往伐之，不起四兵国土安稳"。画面自左至右：左侧画一宫城，城内国王及鹿母坐于殿上。这是拜鹿母为第一夫人的场面；宫门外，王率随从立于池边，一人入池取莲，表示发现莲花中五百太子；与上一宫城相对，右侧另绘一宫城，王及鹿女坐殿上，阶下五人行礼，这是表现鹿女复为第一夫人和五百太子长大成人。

四、恶友品——善友太子本生⑭

此品为莫高窟报恩经变中描绘次数最多的一个品。晚唐以前，该品多绘于壁画说法图下的屏风画或龛内屏风画中，偶尔也绘在说法图一侧的竖条幅内。到五代、宋，该画已大致固定于说法图的左下端。现主要以第85窟画面（图13）为例，可约略分为八个段落（图14）：

1．开始部分讲述善友太子出游四门，见众生相残、劳累辛苦，遂生慈愍之心；继而将国库财物施舍于民，遭大臣反对，于是决心出海求摩尼宝珠以济众生。国王爱子，不逆其志，召聘海师等伴善友入海。弟恶友同行。这段情节的画面正中绘一王城。城内善友身后随一手抱绢物的侍从。城外画善友骑在马上，侍从将绢物分舍给百姓。此外，在第98、61、31等窟还绘有国王召聘或垂询海师的场面。

2．善友太子出海，先后到达银山、金山、七宝城等。这些情景画在该品画面的左上角：中间是善友、恶友及海师乘船入海。左侧岸边数人送行。其上方画银山、金山，两处均有人搬运金银上船。右侧为七宝山，山下，海师卧地死去，善友坐一旁。经文中所述恶友载金银过重，致覆船于海，善友只身得救以及海师临终前告诉善友赴龙宫道路等情

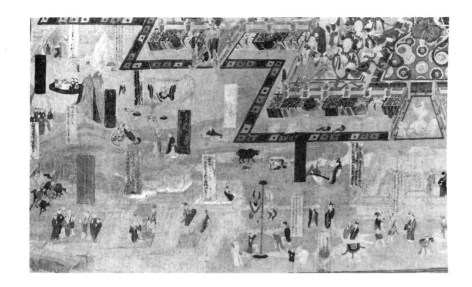

图13　第85窟报恩经变恶友品

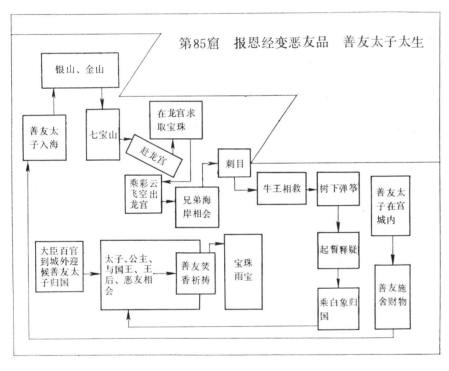

第85窟　报恩经变恶友品　善友太子太生

银山、金山

善友太子入海

七宝山

赴龙宫

在龙宫求取宝珠

乘彩云飞空出龙宫

兄弟海岸相会

刺目

牛王相救

树下弹筝

起誓释疑

乘白象归国

善友太子在宫城内

善友施舍财物

大臣百官到城外迎候善友太子归国

太子、公主、与国王、王后、恶友相会

善友焚香祈祷

宝珠雨宝

图14　第85窟报恩经变恶友品情节示意图

节，都省略未画。

3．善友太子遵海师遗嘱入龙宫取得摩尼宝珠。龙王派龙神飞空送善友返回陆地并与恶友相会。这段情节共绘四个场面，中间是善友踏青、红莲花入海赴龙宫。右上龙宫内，善友太子与龙王对坐求取宝珠。左下善友与三名龙神共乘彩云飞空而出。右下善友与恶友在海岸上相对而立。这部分画面，各窟所画略有不同。例如，第85窟没有龙女引导善友入龙宫情节；第61窟则有，但把善友乘云出海和在岸边兄弟相会两个情节合并画成一个场面。画面作善友立于岸边的彩云上，与岸上的恶友相对。这样的处理方法似更简洁，且象征性地显示出兄弟二人品格的高下。

4．恶友知善友获宝珠，心生忌恨，趁善友入睡，用乾竹刺其双目夺珠而去。善友眼瞎痛昏在地，正值五百牛路过，垂逼践踏，牛王以身伏护善友，并以舌舐其目，拔出竹刺，遂得牧牛人相救。壁画以两个场面表示这段情节。一是恶友手执毒刺，按善友于地，正举手下刺。一是画群牛走过，一壮牛护善友于四蹄之间并低头用舌舐其双目。各窟报恩经

图15　第148窟报恩经变恶友品（残存部分）

图16　第148窟报恩经变孝养品（残存部分）

变均有上述画面，其中最生动的当推第148窟（图15）。刺目一节，恶友袖袍飞扬，显示动作的猛烈、突然，善友双腿拳曲，给人以受到袭击后奋力挣扎的印象。牛王相护一节，群牛在周围徘徊，一头小牛走近前来，目视牛王及善友，饱含同情之意。第148窟甬道顶南披的上述恶友品及北披的孝养品（图16），画面情趣皆颇生动，为后代相同题材壁画所不及。可惜大部塌毁，已无法得见全貌。

5. 善友获救后，得为利师跋王守园人，与公主在园中相见、相爱，结成夫妇，二人发誓表明真情和诚意。这段情节紧接上图画了园中相见及互相起誓释疑两个画面。前者画善友在园中弹奏筝，利师跋公主对面静坐聆听乐音。果树园里林木掩隐，树影婆娑，景色幽美，烘托出这一对青年男女沉醉在热恋中的幸福情感。这种充满诗情画意的场面，恰好与前面受害、伤残等渲染灾难和痛苦的画面形成鲜明的对比。此外，在第61窟，还绘有善友获得父母托白雁从波罗奈国带来书信的画面。

6. 在得知太子身份后，利师跋王派官员送太子及公主回国。紧接上一画面绘太子及公主同乘一白象前往波罗奈国。画面左下角绘波罗奈国城外，大臣百官或骑马或步行迎候太子。城门口，太子、公主与国王、王后相见。

7. 太子归国后，释放被国王监禁的弟弟恶友，取得摩尼宝珠。画面为宫城内，善友、公主与国王、王后及恶友相会。第231窟绘国王与太子相抱而泣。还有少数洞窟画恶友跪在地上。第31窟善友释放恶友场面，绘恶友戴木枷躬腰立在监狱门口，似有羞愧状，善友正趋步走近恶友。

8. 最后一节是善友沐浴焚香祈祷摩尼宝珠变化衣物财货施舍于民。画面绘善友双手合十端坐城楼。城外立一高杆，杆顶置摩尼宝珠，宝珠变化无数衣物绫绸徐徐飘落。杆下众多百姓，有的伸手接物，有的俯拾珍宝，有的欢喜雀跃。全部恶友品变相在此画面下部中间结束，表现出“一切众生所须乐具，皆悉充足”。

第98窟(50)北壁西起第四、五、六三条屏风画画面情节与《报恩经·恶友品》相符合。故松本荣一氏曾将其列为报恩经变相。但该窟南、西、北三壁共42条屏风画中，除上述三条可看作《报恩经·恶友品》外，其余都是《贤愚经》所属经品。这三条所谓恶友品的屏风画，东邻《贤愚经·净居天请佛洗品》画面，西接《贤愚经·善求恶求缘品》画面。按《贤愚经》诸品的前后次序，与《报恩经·恶友品》内容相似的《善事太子入海品》恰好在《净居天请佛洗品》之后，紧接后面就是《摩诃令奴缘品》和《善求恶求缘品》。应该认为，在第98窟屏风画中，《摩诃令奴缘品》省略未画，此处应是《贤愚经·善事太子入海品》而不是《报恩经·恶友品》；仅仅是因为《恶友品》与《善事太子入海品》内容相似，而画工熟知前者，故误以其代之。第146窟(51)西壁屏风画中亦有同类情况。

五、亲近品——金毛狮子坚誓本生(52)

此品讲，波罗奈国仙圣山中，有一狮子名坚誓，毛呈金色，威武异常，且常亲近沙门，悉听诵经说。一猎师，异其毛色，欲图其皮献王以求爵禄。但碍于坚誓勇猛而不得下手。于是猎狮伪装沙门引坚誓亲近以毒箭射之。坚誓受箭将死，仍修忍息恶，不加伤害。猎师剥狮皮献王。当王知其皮来历后，心生忧恼，处死猎人，聚香木火化狮皮骸，收取舍

(50) 即松本荣一《燉煌画の研究》中的第74窟。

(51) 即《燉煌画の研究》中的第8窟。

(52) 《大方便佛报恩经》卷七(《大正藏》卷3，pp.162～163)。

图17　第85窟报恩经变亲近品

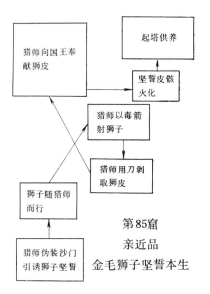

图18　第85窟报恩经变亲近品情节示意图

利起塔供养。

　　五代、宋壁画描绘此品较多，常画于说法图的左上角。现以第85窟画面（图17）为例（图18）。

　　画面由下而上从猎人诱骗坚誓开始。先画猎人扮沙门髡发缁服，双手合十坐地，坚誓伏卧于前；猎人起立前行，坚誓随行于后；山林处，猎人挽弓射狮子；猎人用刀剥取狮皮；宫城内，猎人献上狮皮，受到国王的斥责；城外，绘一团烈火，表示将坚誓皮骸火化；右上画王率群臣跪于舍利塔前供养。

三　敦煌壁画报恩经变的社会意义

　　如果说汉僧撰集《报恩经》以及在莫高窟早期洞窟中出现睒子、须阇提太子、善事太子等宣扬忠孝的本生故事画，都是反映儒佛合流和表示佛教教义与忠孝伦理之说并行不悖的话，那么，我们结合从中唐到宋这段特定历史时期和敦煌所处的特定地理位置去探讨报恩经变相产生、发展的原因，就会发现，报恩经变比早期出现的那些以忠孝为主题的故事画要复杂的多。

　　安史之乱以后，河西军事实力空虚，吐蕃奴隶主趁机控制了陇右地区，并于大历年间近逼沙州（今敦煌）。经过十余年争夺战，这时除沙州外，河西各州县均相继为吐蕃贵族所控制。大历年间，吐蕃贵族围攻沙州。大批汇聚在沙州的汉族军人和难民，出于强烈的民族意识，与当地不愿沦亡的沙州居民共同御敌，坚守孤城达十一年，最后才被迫在建中二年（公元781年）与吐蕃签订城下之盟㊵。莫高窟绘有报恩经变中孝养品和恶友品的第148窟，有可能就凿建于吐蕃围城期间。

　　自建中二年到大中二年（公元848年），沙州属吐蕃治下，对于敦煌莫高窟来说，这段时间被称为中唐。这时，一些具有民族气节的僧俗民众，往往借壁画、碑文和造窟记表露对异族统治的不满与反抗。如绘有报恩经变的第365窟，窟中的《吴僧统碑》就曾对吐蕃贵族的统治表

㊵　关于敦煌陷蕃的年代，尚有贞元三年（公元787年）之说。

示强烈的反对。又如，凿建于唐开成四年（公元839年）的第231窟，也绘有报恩经变，其造窟记即《大蕃故敦煌郡莫高窟阴处士修功德记》[54]，除表示反对吐蕃统治外，还明确指出凿窟绘壁是为了"报恩君亲"。

可见，吐蕃统治时期壁画报恩经变增多，而所绘故事又集中于以孝卫国、以孝复国的孝养品、论议品、恶友品，显然除了以提倡孝道与儒家妥协而外，还具有坚持民族气节、向往中原的积极意义。实际上，中唐时期莫高窟壁画报恩经变的绘制，已经突破了一般宣扬忠君孝亲思想的局限。

大中二年（公元848年）张议潮率沙州民众起事，推翻吐蕃奴隶主统治，继而攻瓜州、克河西，并将河西十一州图献唐。自此以后，河西一度复归中原。但是不久，甘、凉一带又成为吐蕃、回鹘与汉族攻争之地，河西再次失去安定，陷于混战与割据之中。至唐末，位居河西节度的张氏家族，所领之地仅及瓜、沙二州。在张议潮咸通八年（公元867年）入朝并于咸通十三年（公元872年）去世后，沙州政局也已经不稳。沙州内部权力之争若隐若显。这一点，在莫高窟藏经洞出土的文书、碑文及墓志中均有所见。如沙州派驻长安进奏院上本使状中，就明确把为张淮深觅旌节[55]的专使分为两派，其中的反对派张文彻等四人就曾扬言"仆射有甚功劳，觅他旌节"语。连为之觅节的专使，都公开奚落"本使"，若无堪与淮深匹敌的过硬的后台撑腰，恐怕也没有这种胆量。实际上，这次论节后不久，淮深就死于非命[56]。这正是沙州统治集团内部激烈争夺的必然结果。

在这种历史背景下，晚唐时期莫高窟绘制报恩经变具有值得注意的特点。当张氏使沙州回归中原的最初阶段，报恩经变的绘制注重表现上报"君亲之恩"和对中原皇帝的诚心归顺。这可从建窟于文德二年（公元889年）并绘有报恩经变的第12窟得到证实。据该窟《索法律铭》载，绘报恩经变是为了"报四恩之至德"。铭文中还历数家谱，强调自己家族历代都"孝悌于家、忠贞于国"，以示对唐王朝的忠诚。而当回鹘、吐蕃再次威胁河西地区安全的时候，报恩经变相又被用来强调家族血缘关系和民族意识，以加强当地汉族的团结。在内部权力斗争中，张氏家族也用报恩经变相强调忠孝，以标榜其对于中原王朝的忠诚，从而要求外戚和下属保持对在收复河西中立有首功的张氏家族的效忠。

自唐末、五代起，甘州回鹘已巩固其在甘州的统治地位，而且势力大大超过瓜沙张氏政权，他们倚仗强大的兵力，迫使张承奉签定父子之国的屈辱盟约。曹氏于公元919～920年间接替张氏统领瓜州。当时除甘州回鹘之外，还有地处瓜沙以西的西州回鹘，雄据伊吾等地，兵强势众。曹氏政权，夹踞东西回鹘两个强邻之间，东绝中原皇帝依持，西无汉家方镇支援，所处地理环境十分不利。曹氏积极采取各种政治、经济、军事措施以加强实力，还用互相联姻及其它方式与东西回鹘修好，以减少军事压力。同时，又以强调民族意识，强调汉祖唐宗的民族、宗亲血缘关系，以作为瓜沙地区巩固民族团结、争取民族自存的思想纽带之一。此时画在窟内的报恩经变，其作用之一，也在于此。

另外，与报恩经变的绘制同时，敦煌石窟遗书中还有许多有关孝道的经卷和变文，如《孝子经》、《父母恩重经》、《盂兰盆经》、《舜子变文》、《目连变文》、《故圆鉴大师二十四孝押座文》……等。但它们比起至少是据典成辑的《报恩经》来，宗教的价值要低得多，伪造

---

⑭ 见于《沙州文录》。

⑮ 敦煌石窟遗书 S.1153。关于《进奏院上本使状》为何人请旌节问题，唐长孺先生认为是为张淮深请节（《关于归义军节度的几种资料跋》，《中华文史论丛》第一辑,1962年)，苏莹辉先生认为是为张淮□请节（《张淮深于光启三年求授旌节辩》，香港敦煌学会编印《敦煌学》第三辑）。今从唐长孺先生之说。

⑯ 《唐宗子陇西李氏再修功德记》（刻于碑阴，碑存莫高窟第148窟）："于是兄亡弟丧，社稷倾沧，假手托孤……辜恩剿毙，重光嗣子，再整遗孙"云云；又，《张府君墓志铭》（敦煌石窟遗书 P.2913）："公（指张淮深）……殒毙"，"竖牛作孽，君子见欺，殒不以道，天胡鉴知"等语，可证张淮深死于变乱。

的痕迹也十分明显，有的则纯属辑中国传说而成，故而实难绘入地近西域、气氛庄严的敦煌佛窟。况且《报恩经》入壁的故事都不单纯讲孝，而将孝与忠紧密结合，强调以孝事君，这是莫高窟报恩经变有别于其它劝孝经文的重要特点。而这一特点，恰好适应了在吐蕃入侵敦煌以后相当长的历史阶段中敦煌各阶层民众思想上和精神上的需要。除报恩经变之外，自中唐以降，敦煌莫高窟壁画还新增加了诸如华严、天请问、劳度叉斗圣、楞伽、金光明、金刚、密严等经变。尽管报恩经变的出现多少与民族意识有关，但是这无法解释其它各种经变题材大量出现的原因。这个问题是很复杂的。总的来说，自吐蕃占领敦煌直到宋代，这个地区经历了战乱和动荡，人们需要从宗教得到更多的精神上的安慰和寄托，因而给予各种经变画以产生的土壤和条件。具体地看，各种经变的产生又有其特殊原因。例如，晚唐时期，唐王朝主张折衷三教学说，于是华严经变相就应运而生，大量入壁；张议潮收复河西的斗争赢得胜利，所谓以正胜邪的劳度叉斗圣变就以巨幅画面在壁画中大量地出现。凡此种种，都不同程度地说明社会状况与政治形势对于敦煌壁画经变题材的影响。总之，一种宗教和宗教艺术，是一种复杂的社会现象。我们除了对其教义和宗教内容进行分析外，也必须看到它在某个特定历史时期、某个特定政治环境中所产生的特定的社会作用。

莫高窟的佛教史迹故事画

图1 第231窟龛顶东披北角尼婆罗
水火池故事

孙修身

敦煌莫高窟的佛教史迹故事画，根据我们初步的探讨和研究，认为它应大体包括佛教历史故事、高僧故事、瑞像故事等三个方面的内容。这些故事，如果透过其宗教的神异色彩，即能为我们研究历史，特别是研究佛教的传播和发展史，提供生动的形象资料，因而是十分珍贵的。过去的研究对这个问题涉及甚少，故此在我们初步研究的基础上，作如下介绍。

一

敦煌莫高窟初唐第323窟南北两壁上部集中描绘了多组佛教历史故事画和高僧故事画。画面多采取连环组画的形式。这种形式是我国自汉代以来不断延用的传统绘画艺术形式。在第323窟北壁，自西向东，依次为张骞出使西域、释迦洗衣池和晒衣石、佛图澄故事、阿育王拜塔、康僧会故事。南壁自西向东，依次为吴郡石佛浮江、高悝得金像并得佛趺佛光和昙延法师故事。对于上列壁画，研究者已多有介绍和论述①，本文不拟赘述。

除第323窟之外，还有一些佛教历史故事画，例如**泥婆罗阿耆波弥水火池故事**，此画在莫高窟的许多洞窟里都曾出现，各窟的画面和榜题不尽相同。

在第231窟西壁龛内盝形顶东披北角，画一弥勒菩萨，结跏趺坐于须弥座上，着袈裟，袒左肩，两腿交盘，右脚压于左脚之上，右手作触地印，榜题作："业力自远牵将来业/自近牵将去非山非海非石中"（图1）。在第237窟西壁龛内盝顶东披北角，画有同样的故事（图2），图中还有一方形的柜状物，漂浮于水上，四面烈火炽燃，旁有一戴幞头着赭色长袍的人，双手合十作观赏状，其榜题与第231窟的相似，为"业力自远牵将来业力自近/牵将去非山非海非石中无有□/诸不受者"。在第98窟甬道顶部壁画中，亦见此故事，画面与第237窟略同（图3），榜题作："中天竺泥波罗国有弥勒头冠/柜在水中有人来取水中火出"。以上三个画面所表现的都是泥婆罗阿耆波弥水火池的故事。这个故事，随着玄奘的归来及唐朝使者李义表、王玄策的数度往返，早已在唐朝初年传入我国，并被载入史册。在《旧唐书》②、《新唐书》及有关的佛教典籍，如《大唐西域记》、《法苑珠林》③中，都记有此故事。但是，这则尼泊尔的故事，作为艺术表现的题材，则是在中唐时期出现的。其出现的原因当与吐蕃王朝对尼泊尔的占领有关。当时曾将许多尼泊尔人迁入敦煌居住④，他们把尼泊尔的民族文化和古老的传说带来敦煌。敦煌壁画上多次出现这一故事画，似也表露出那些千里迢迢来到敦煌的尼泊尔人对家乡和故国的思念心情。

又例如**毗沙门天王决海**。这是一个有关于阗建国的佛教故事，在敦煌首先出现在中唐时期开凿的洞窟里，历经晚唐、五代、宋各个时期。

① 见金维诺《敦煌壁画里的中国佛教故事》，《美术研究》一九五八年第一期；另见本书第三卷马世长、万庚育撰图版说明63～68。

② 《旧唐书》卷一百九十八《西戎传》泥婆罗国："贞观中，卫尉丞李义表往使天竺，涂经其国，那陵提婆见之大喜，与义表同出观阿耆婆弥池。周回二十余步，水恒沸，……"。

③ 《法苑珠林》卷二十四："王玄策西国行传云，唐显庆二年（公元657年），敕使王玄策等往西国送佛袈裟，至尼婆罗国西南，至颇罗度来村东坎下，有一水火池，……使问彼国王，国王答使人云：曾经以杖刺著一金匮，令人挽出，一挽一深。相传云，此是弥勒佛当来成道天冠金，火龙防守之。此池火乃是火龙火也"（《大正藏》卷53，p.405）。

④ 见敦煌石窟遗书藏文卷子南尼婆罗人给吐蕃赞普的第一封信，原件存印度德里的博物馆中，此处据根敦琼培著、法尊译、王沂暖校订《白史》，pp.15～18（西北民族学院研究所1981年刊印）。

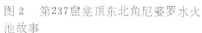

图2 第237窟龛顶东北角尼婆罗水火池故事

图3 第98窟甬道顶尼婆罗水火池故事

图4 第231窟龛顶北披东角毗沙门天王决海

它在中唐第231、237窟西壁龛内盝顶北披东下角出现时（图4），图中画一高僧，披袈裟，执锡杖；对面一武士，披坚执锐（枪）。二者枪杖相交。其上方，画有一方形建筑，状似城池，其下有塔数座。或者还画出湖水，水上有莲花坐佛。榜题作："于阗国舍利弗毗／沙门天王决海时"。在中唐以后，这在故事不再单独出现，而是同其他许多故事组织成一个较大的画面，画在洞窟的甬道顶部，如第9（见图版173）、454窟。到宋代初年，画面又由甬道进入了主室的壁面，形成了略同于大幅经变画的构图形式。

关于毗沙门天王决海的故事，在《西藏传》中，有着明确的记载⑤。画面表现的正是其中舍利弗和毗沙门天王决海的情景。故事说，迦叶佛之时，国人不敬仙人，触怒龙族，将此国土变为大湖。释迦率众弟子来此，以三百六十三道光芒（其数为以后此国建寺院之数）照耀此湖，又命弟子舍利弗和毗沙门各以杖端、锐枪突刺此湖，并预言湖将干涸，于此建国，设立都城、寺塔。这个故事被认为不仅与于阗建国有关，而且和迦湿弥罗地区的传说有着密切的关系，这是值得注意的历史资料。

二

昙延法师 壁画中的高僧故事，除在第323窟图绘的康僧会、佛图澄之外，居于最重要地位的莫如昙延法师。初唐第323窟南壁东端的昙延法师故事，描绘了隋文帝迎昙延入朝。文帝向昙延问亢旱原因。昙延为文帝受八戒感天普降甘霖、昙延为文帝讲《涅槃经》并造疏感舍利塔放光等情节。到晚唐，敦煌又出现了昙延百梯山隐修的画面。莫高窟许多晚唐、五代、宋时开凿的洞窟甬道顶部西南角，常可见一坐于纯床前蒲团上的高僧形象；有的又在对面画一人，戴幞头，着赭色圆领长袍，作与高僧对谈状。在过去，曾据《大唐西域记》卷十二的有关记载，定其为于阗国王迎毗卢折那的故事，称其为"树下延坐"。但实际上，图中与高僧对坐者并不是于阗国王，而是中原一般官吏的形象，且图中并未表现建立伽蓝及佛自空中下降为之现形等场面，与文献记载颇不相合。经过进一步的调查，在第108窟的甬道顶部，我们发现有相同的画面，榜题为："此

⑤ 羽溪了谛《西域之佛教》第四章（贺昌群译），商务印书馆1956年版，pp.205～206.

图5 第108窟甬道顶昙延法师百梯山隐修

⑥ 《续高僧传》卷八隋京师延兴寺释昙延传："……遂隐于南部太行山百梯寺，即所谓中朝山是也。时山中有薛居士者，学总玄儒，多所该览。闻延年少知道，凤悟超伦，遂从而谒焉，言谑相未之揖谢，薛乃戏题四字，谓'方圆动静'，命延礼之。延应声曰：'方如方等城，圆如智慧日，动则识波浪，静类涅槃室'。薛惊异绝叹曰：'由来所未见，希世挺生，即斯人也。'尔后恒来寻造质疑请义"（《大正藏》卷50，p.488）。

⑦ 王少华《唐末王氏墓志与泗州城址》，《中华文史论丛》一九七九年第三辑。

⑧ 《宋高僧传》卷十八唐泗州普光王寺僧伽传："初将弟子慧俨同至临淮，就信义坊居人乞地下标志之言，决于此处建立伽蓝，遂穴土，获古碑，乃齐国香积寺也；得金像，衣叶刻普照王佛字。……其香积寺基，即今寺是也。……中宗孝和帝景龙二年（公元708年）遣使诏赴内道场，……仍褒饰其寺曰普光王……（长庆）二年（公元822年）寺塔皆焚，……太平兴国七年（公元982年），敕高品白承睿重盖其塔，务从高敞，加其累层。八年（公元983年），遣使别送舍利宝货同葬于下基焉。……续敕殿头高品李庭训主之。先是此寺因龛中金像刻其佛曰普照王，乃以为寺额；后避天后御名，乃以光字代之。近宣索僧伽实录，上览已，敕还其题额曰普光王寺矣"（《大正藏》卷50，pp.822~823）。《神僧传》卷七所记同于此。

⑨ 《宋高僧传》卷十八唐泗州普光王寺僧伽传（《大正藏》卷50，p.822）；《神僧传》卷七僧伽（《大正藏》卷50，p.992）。

是百梯山延法师隐处"（图5）。从而知道这位高僧名延，并非毗卢折那；其隐居处为"百梯山"，不是于阗的杏林。所以，故事内容根本不是"树下延坐"，而是《续高僧传》卷八昙延传中所述居士薛道衡至中朝山百梯寺见昙延法师质疑请义的情景⑥。

如将上述莫高窟不同时期有关昙延的故事画联系起来，则已相当全面地反映了昙延法师传记故事中的主要内容。

圣者泗州和尚 在第72窟西壁龛外南上角，画一高僧，戴菩萨冠（残），着袈裟，盘腿坐于深山的精庐之中，榜题作："圣者泗州和尚"（图6）。

"泗州"是地名，据清同治十年（公元1871年）修《盱眙县志》，泗州在东晋时属盱眙，唐代泗州辖盱眙，宋乾德元年（公元963年）泗州治盱眙，明、清泗州属凤阳，与都梁山"隔淮相望"。1973年，在江苏省泗洪县铁佛公社东方红大队第二生产队洪泽湖边滩，发现唐咸通五年（公元864年）王氏墓志一方，志称王氏葬于"临淮郡泗州西三十五里招贤乡香塘村"。经王少华据志石记载推断，认为古泗州城当在今戚家滩北、明祖陵西南的旧淮河口水面，与盱眙都梁山相近⑦。

泗州是我国历史上的名城、南北交通上的重镇，在清康熙年间沦入洪泽湖。在此地，南北朝有著名的香积寺，后被毁坏；到唐代初年，由高僧僧伽和尚重修，寺名普照王，后为避武则天讳，改为"普光王"；到唐代长庆二年，再度被于野火；宋代再建，复其名为普照王寺⑧。主持修复"普照（光）王"寺的僧伽，据《宋高僧传》卷十八及《神僧传》卷七僧伽本传的记载，知道他是何国人，龙朔元年（公元661年）入唐，始至西凉府，次历江淮，唐朝初年颇享声誉。景龙二年（公元708年）僧伽曾受诏入内道场，并赐号"证圣大师"，以后还写貌入内供养。万回禅师称其为"观音菩萨化身也"⑨，并说他是以比丘得度而现身。这正与第72窟上述壁画形象及所在位置符合。僧伽已故，在唐肃宗乾元以后，燕蓟使送毡毹，写貌回去，于是燕蓟之地辗转传其像，"无不遍焉"，表明僧伽早已为燕蓟人们所尊崇。到了五代末期，周世宗柴荣于显德四年（公元957年）取泗州之后，诏命"天下凡造精庐，必立伽真像，牓曰：大圣僧伽和尚"。因此尽管榜书"圣者泗州和尚"，同周世

图6 第72窟龛外南侧圣者泗州和尚

图7 第72窟龛外北侧圣者刘萨诃和尚

宗所定"大圣僧伽和尚"称号有些出入，似仍可认为是同一个人。这一认识，不仅使我们弄清了画面的内容，亦使我们对于第72窟开凿的时代有了一个较为明确的依据。

圣者刘萨诃和尚　在第72窟西壁龛外北上角，亦画一僧人，身着袈裟，在山中静坐，榜题作："圣者刘萨诃和尚"（图7）和南侧的"圣者泗州和尚"像遥相对称。

在本窟主室的南壁，以整壁的幅面和俨若经变画的形式，绘有大型的刘萨诃故事画。但是，由于此洞长期为流沙所填埋，下部画面和榜题多已漫漶不清，目前尚能辨认的画面仅限于上部，计有榜题三十五条，其中的月支国婆罗门写像之事颇值得我们注意，它表明佛教艺术东传之后，具有了中国民族风格的中国佛教艺术又转而向西方流传，说明各国和各民族的文化之间是不断地相互交流、相互影响的。

刘萨诃，又名刘窣和、刘萨何，族属稽胡。有关他的生平事迹，可见于《续高僧传》⑩、《法苑珠林》⑪、《集神州三宝感通录》⑫、《梁书·诸夷传》等书。在敦煌石窟遗书中亦有关于刘萨诃的卷子三件：P.3570《刘萨诃和尚因缘记》；P.2680《高僧传赞·刘萨诃》；S.5663《中论》卷二，在其题记中记有："己未年正月十五日三界寺修大般若经，兼内道场课念沙门道真，……造刘萨诃和尚（像）施入。铜令（铃），香炉壹，香兼（梊）、花毡壹，已上施入，和尚永为供养。……"等。

上述资料繁多，文字冗长，撮其要点如下：刘萨诃，离石人，出家后法名慧达；先不事佛，目不识字，曾为梁城突骑守襄阳，豪侈乡里，为人凶顽；后因重病得愈，始信佛教，曾经南游吴越，于丹阳长干里礼塔，并据地深至丈许，得佛舍利及爪发等，乃造佛塔；北魏太延元年（公元435年）流化将讫，便事西返，行及凉州番禾郡东北望御谷而遥礼之，预言此崖当有像现；最后到肃州七里涧而命终。刘萨诃（慧达）出家后所尊奉经典，"波罗密经功德最胜，首楞严亦其次也"，他的信仰直接影响了河西的佛教，敦煌的三戒（界）寺等极有可能属于他的教派。总之，刘萨诃是我国南北朝时期颇具影响的高僧，拥有着众多的信徒，并曾活跃于河西走廊。据道宣所述："余以贞观之初，历游关表，故谒达之本庙，图像严肃，日有隆敬，自石、隰、慈、丹、延、绥、威、岚等州，并图写其形，所在供养，号为刘师佛焉"⑬。因此，他与泗州高僧僧伽以同等的地位，在佛龛帐门外的两侧入壁，占据了通常是图绘菩萨像的显要位置。另据敦煌石窟遗书S.5663题记，己未年当为后周世宗显德六年（公元959年），谅必与第72窟的修造时间有关。

三

一些具备瑞相圆满，能够表现释迦某种特点的形象，被称作"瑞相"。

一开始，人们对于释迦牟尼的崇拜，是通过对他的遗物、遗迹和遗骸，如佛钵、锡杖、袈裟、足迹、巡行游化处、佛塔、佛发、佛爪（指甲）、舍利等的供养来表达的。随着佛教的发展和日益广泛的传播，特别是在佛教传入西北印度古希腊人统治下的地区以后，在希腊文化艺术的影响下，才在佛教崇拜中开始出现了偶像的制作。随着偶像的出现，佛教开始东传。偶像的制作是同佛教的发展和传播紧紧联系在一起的。

⑩ 《续高僧传》卷二十五魏文成沙门释慧达传（《大正藏》卷50，pp.644~645）。

⑪ 《法苑珠林》卷三十八敬塔篇感应缘（《大正藏》卷53，p.585）；卷八十六忏悔篇感应缘（《大正藏》卷53，pp.919~920）。

⑫ 《集神州三宝感通录》卷中十四元魏凉州山开出像者（《大正藏》卷52，p.417）。

⑬ 同⑩（《大正藏》卷50，p.645）。

图8　第231窟龛顶西披北角优填王造像

图9　第72窟龛顶西披分身瑞像

佛像制作传入我国的时间甚为久远，却往往由于缺少可资印证的具体文字材料，以致许多佛像的含义和内容不易弄清。和以前的情况有所不同，在敦煌莫高窟中唐（吐蕃统治时期）、晚唐、五代和宋代开凿的洞窟中，许多保存清晰的佛像都书写有榜题（例如第231、237、72等窟）；在敦煌藏经洞（第17窟）的遗书资料中，亦保存有一部分与这些画像有关的因缘故事，这就为我们进一步研究画面提供了重要的依据，使我们得以弄清形象的具体内容。

优填王造像　在第231窟西壁龛内盝形顶西披北角画一佛乘云而下，有项光，高肉髻，眉间有白毫，双耳垂肩，着右祖袈裟，双手合十，双足徒跣，踏双莲花，对面亦画有一佛，胡跪于莲花之上，作恭礼迎接之状。榜题作："时佛从天降下其檀/像乃仰礼拜时"（图8）。

虽然研究者一般认为偶像制作在佛教信仰方式上较为晚出，但据佛教典籍所记，最早的佛像却始自释迦牟尼同时代的优填王和波斯匿王。关于此画，在《观佛三昧海经》[14]、《增一阿含经》[15]、《经律异相》[16]、《大唐西域记》[17]、《集神州三宝感通录》[18]等书中，都可以找到有关的记载。故事说，佛升切利天为母说法，三月不还，优填王和波斯匿王不胜渴仰思念。优填王忧思成疾，敕诸巧匠作栴檀佛像。大目犍连以神力运三十二匠上天睹佛容，各图写妙相。佛自天宫还，檀像迎接，佛嘱其开导来世，并说"若有众生造立形像种种供养，来世必得清净三昧。"此外，敦煌石窟遗书S.2659、S.2113、P.3352诸卷亦都载有莫高窟瑞像故事的榜题记事。S.2113《瑞像记》中称"大目犍连已（以）神通□（力），将三十二匠往天各□（貌）如来一相"。又有"佛在天，又王（"又王"当为"有王"，指优填王）思欲见，乃令目犍连将三十二匠往来天图佛，令匠取各一相。非（佛）从降下，其檀乃迎本形礼拜"。其内容与前述几种文献略同。据此，可知画面所表现的正是优填王刻檀像迎佛，佛对檀像嘱托的情节。而大目犍连携匠人上天图写佛像等情节，则见于晚唐至宋代的一些甬道顶部壁画（第9、454等窟），其画面由以下部分构成：1.画一高僧，背负数人，飞行于虚空；2.画一高僧乘云而下；3.画一佛像站于莲花之上，微倾上身，二目俯视，正从天空降下；另一佛像伏跪于莲花之上礼拜迎接。4.画一佛作嘱托之态，另一佛跪于莲花之上仰视倾听，与前述第231、237窟所见画面相似（图版173）。所以尽管画面不见榜题，仍能断定是优填王造像故事。

分身像　在第231窟西壁龛内盝顶西披北数第六格中，画有一佛，有华盖、项光，一身双首，高肉髻，眉间有白毫，着袈裟，四臂，其中两手合十、两手垂下手掌向外，跣足立于莲花之上。在像两侧各画一人，戴幞头，着长袍，作仰视状。这样的画像多见于莫高窟中唐至宋代洞窟的龛顶或甬道顶，其中第237窟西壁龛顶所见的榜题为："分身瑞像者乾陀罗国分身/者二人出钱画像其功至远一身两首"。第72窟则题作："分身像者胸上分现胸下体其像/遂备/变形。"这是我们在莫高窟所见的特殊形象之一。

《大唐西域记》卷二犍驮逻国"大窣堵波石阶南面有画佛像，高一丈六尺，自胸以上分现两身，从胸已下合为一体。闻之耆旧曰：'初，有贫士佣力自济，得一金钱愿造佛像，至窣堵波所谓画工曰：我今欲图如来妙相，有一金钱，酬工尚少，宿心忧负，迫于贫乏。'时彼画工鉴其至诚，无云价直（值），许为成功。复有一人，事同前述，持一金钱求

⑭　《佛说观佛三昧海经》卷六（《大正藏》卷15，p.678）。
⑮　《增一阿含经》卷二十八（《大正藏》卷2，pp.705～706）。
⑯　《经律异相》卷六（《大正藏》卷53，pp.29～30）。
⑰　《大唐西域记》卷五，侨赏弥国（《大正藏》卷51，p.898）。
⑱　《集神州三宝感通录》卷中二十八梁高祖武帝天监元年梦檀像入国（《大正藏》卷52，p.419）。

画佛像。画工是时受二人钱，求妙丹青，共画一像。二人同日俱来礼敬，画工乃同指一像示彼二人，而谓之曰：'此是汝所作之佛像也。'二人相视，若有所怀。画工心知其疑也，谓二人曰：'何思虑之久乎？凡所受物毫厘不亏，斯言不谬像必神变。'言声未静，像现灵异，分身交影，光明昭著。二人悦服，心信欢喜"[19]。这段记载可与此画像相印证，若合符节。此外，在敦煌遗书P.3352、S.2659、S.2113诸卷中，发现有关于此像的记载，与《大唐西域记》大同小异。

施珠瑞像 在敦煌莫高窟许多中唐、晚唐、五代、宋时开凿的洞窟中龛内盝顶或甬道顶南北披，往往可看到一个躬身向人的佛像。例如，第72窟西壁龛内盝顶西披北数第二身佛像，有项光和背光，高肉髻，眉间有白毫，两耳垂肩，身着袈裟，一手紧握袈裟一角，举置于左胸前；一手下垂，掌心向外，徒跣立于莲花之上，俯视侧傍之人。侧傍之人戴幞头，着长袍，腰中系带，立于梯磴之上（有的亦画其站立于地上），仰脸向上，一臂高举，向佛伸出手掌，其榜题为："中印度境佛额上宝珠时有贫士既见宝／珠乃生贪心像便曲既躬授珠与贼"（图10）。在第9窟甬道的南披，也画有此像（图版173）。在《大唐西域记》和敦煌石窟遗书S.5659、S.2113、P.3352诸卷中，都有关于此种瑞像的记载[20]。画面所表现的内容，正是佛像躬身将头上宝珠授予前来盗宝的贫士。

于阗坎城瑞像 在第231窟西壁龛内盝顶西披北数第三格中，画一立佛像，头上有高肉髻、项光、华盖，两耳垂肩，二目平视，眉间有毫光；右臂曲置胸前，大姆指同食指、中指相掐，余二指伸张；左手下

图10 第72窟龛顶西披施珠瑞像

图11 第237窟龛顶西披于阗坎城瑞像 图12 第237窟龛顶南披于阗媲摩城瑞像

[19] 《大正藏》卷51，p.880。

[20] 《大唐西域记》卷十一僧伽罗国："佛牙精舍侧有小精舍，亦以众宝而为莹饰，中有金佛像，此国先王等身而铸，肉髻则贵宝饰焉。其后有盗伺欲窃取，而重门周槛卫守清切，盗乃凿通孔道入精舍而穴之，遂欲取宝，像渐高远。其盗既不果求，退而叹曰：'如来在昔修菩萨行，起广大心，发弘誓愿，上自身命下至国城，悲愍四生，周给一切。今者，如何遗像悋宝？静言于此，不明昔行。'像乃俯首而授宝焉。是盗得已，寻持货卖。人或见者，咸谓之曰：'此宝乃先王金佛像顶髻宝也，而从何获，来此鬻卖？'遂擒以白王。王问所从得，盗曰：'佛自与我，我非盗也。'王以为不诚，命使观验，像犹俯首。王睹圣灵，信心淳固，不罪其人，重赎其宝，庄严像髻重置顶焉。像因俯首，以至于今"（《大正藏》卷51，p.934）。敦煌石窟遗书S.2113《瑞像记》所述较简略，但有贫士欲登梯盗宝，其梯犹短的细节。其余皆与《西域记》略同。

图13 第9窟甬道顶南披于阗勃迦
夷城瑞像

垂，捏袈裟下缘，徒跣站立于莲花之上，榜题作："于阗坎城瑞像"
（图11）。

关于于阗坎城，中外史学家在论著中多有涉及。归纳各家的看法，
坎城应是《洛阳伽蓝记》中的"捍𪩘城"，为古"扞弥国"之都城，也
就是《旧唐书》、《新唐书》中的坎城镇，以及《大唐西域记》中的
"媲摩城"㉑。

上述研究者所引宋云《行记》中的捍𪩘城瑞像故事㉒，与壁画形象
及榜题皆相契合。但所谓捍𪩘城就是《大唐西域记》中的媲摩城，却有
失妥当。媲摩城雕檀瑞像，应是与此不同的另一题材。关于这个问题的
考证，笔者另作专文详述。

于阗媲摩城中雕檀瑞像 画在第231窟西壁龛内盝顶南披西数第四
格。其像身着袈裟，内套僧祇支，一臂曲置胸前，一臂扬起作说话状
（或谓说法之势），徒跣立于莲花之上；其头戴菩萨冠（似微露肉髻），
有项光和华盖，颈、臂有饰物，略具弥勒像的特征。榜题作："于阗媲
摩城中彫檀瑞像"（图12）。

关于媲摩城中的雕檀瑞像，《大唐西域记》曾记载："瞿萨旦那
（于阗）国媲摩城中雕檀立佛像，原系侨赏弥国邬陀衍那（优填）王所
作。佛去世后，凌空至曷劳落迦城中。城中一人因尊礼佛像，济助罗
汉，乃得罗汉预言而获救于雨沙土之难。其人转至媲摩城，其像随之而
来，即此供养。其像"时烛光明，凡有疾病，随其痛处金薄帖像即时痊
复，虚心请愿多亦遂求"，其灵应与坎城瑞像相似㉓。

在敦煌石窟遗书中，S.5659："侨赏弥国佛来住于阗国"；S.2113：
"此像从侨赏弥国飞行于阗东媲麼（摩）城，今见在，珠宝饰"。所记
都是媲摩城中雕檀瑞像。

另外，在第231窟西壁龛内盝顶西披北数第二格中，亦画有瑞像一
身，榜题作："中天竺憍焰弥宝檀/尅瑞像"。当与前述于阗媲摩城瑞
像为同一瑞像，所表现的是此像未入于阗前的故事。

于阗勃迦夷城瑞像 在莫高窟许多中唐至宋时开凿或者重修的洞窟
甬道顶两披（例如第9窟）或佛龛盝顶的斜披（例如第237窟）上，常
可看到一像，头上红巾裹成宝冠状，额前饰玉，着方领宽袖长袍，项饰
瑟瑟珠，一手执摩尼宝珠，一手执花枝。其形象、服饰同藏文文献和敦
煌壁画中所见吐蕃赞普或于阗王者均有相似处（图13）。有的洞窟中尚
留有清晰的榜题，作："于阗勃伽尼（夷）城瑞像"。

根据榜题，我们在《大唐西域记》㉔、《大慈恩寺三藏法师传》㉕、
以及敦煌石窟遗书㉖中，都找到了关于这个瑞像的故事。据《大唐西域
记》，勃伽夷城，在于阗王城西三百余里；其像所戴宝冠，系其像从迦
湿弥罗迁来时于阗王施舍的。图中用红巾裹成的宝冠及身着服饰，和我
们在第159、237窟所见吐蕃赞普的穿戴相同。这为我们研究当时吐蕃和
于阗的社会生活习俗以及彼此之间的关系，亦提供了形象的资料。

于阗太子出家 在第126窟甬道顶部，画有一幅同勃伽夷城瑞像故
事紧密相连续的瑞像。画面画一高僧和一俗夫，俱双手合十，站于荒山
旷野之中。高僧着右袒袈裟，俗者戴幞头，着长袍，腰中系带。榜题红
底白字，作"于阗国太子出家时"（图14）。对照《大唐西域记》等有
关记载，我们认为这里所表现的是于阗王在前世，于迦湿弥罗国出家为
沙弥时的情景。敦煌石窟遗书中有关的记载㉗，同《大唐西域记》略有

㉑ 可见沙畹 E.Chavannes《宋
云行纪笺注》Voyage de
Song Yun dans l'Udyana
et le Gandhara，冯承钧译
注（《西域南海史地考证译丛
六编》，中华书局1956年版，
pp.13~14）等；详见范祥雍
《洛阳伽蓝记校注》（上海古
籍出版社1978年版，pp.268
~270）。

㉒ 《洛阳伽蓝记》卷五闻义里：
"捍𪩘城，（城）南十五里有
一大寺，三百余众僧，有金像
一躯，举高丈六，仪容超绝，
相好炳然，面恒东立不肯西顾。
父老传云：此像本从南方腾空
而来，于阗国王亲见礼拜载像
归，中路夜宿忽然不见，遣人
寻之，还来本处，即起塔，封
四百户供洒扫。户人有患，以
金箔贴像所患处即得除愈。后
人于像边造丈六像者及诸宫塔
乃至数千，悬彩幡盖亦有万
计，……"（《大正藏》卷
51，pp.1018~1019）。

㉓ 《大唐西域记》卷十二瞿萨旦
那国（《大正藏》卷51，p.
945）。

210

图14　第126窟甬道顶于阗太子出家

出入，情节简单，未见述及罗汉，而是"忽有此佛踊现军前"，遂息甲兵。但是，从大的方面看，两种记载是一致的。若考画面的依据，我以为第126窟的画面当是依据遗书《瑞像记》，而第231、237、9窟的画面当是依据《大唐西域记》。

四

以上介绍的佛教历史故事画、高僧故事画和瑞像图，这三类之间，实际彼此并无严格的分界。例如高僧刘萨诃故事，在第72窟是高僧故事，在第231窟西壁龛顶东披，则又以瑞像故事出现。榜题作："盘和都督府仰容山番和县北圣容像"，表现的是刘萨诃事迹中的一个情节。优填王造像故事，在中唐的第231、237窟，是以瑞像故事表现的，而在晚唐的第9窟、宋代的第454窟等，又画出了更多的情节，并同其它佛教史迹故事组织在一起，形成复杂的大型构图；又如第323窟主室北壁东端的康僧会故事，既是佛教历史故事，亦是高僧故事，主要则在于表现佛教的感应。因此，我们只能按画面所绘的主要内容暂作大体的区分。

一般来说，通过这些故事画中出现的人物和事件，都不同程度地揭示了佛教史上以及历史上著名的佛教传说中的生动场景，补充了某些文献记载的不足。前面介绍的尼婆罗（即今尼泊尔）阿耆波祢水火池故事、僧伽罗（即今斯里兰卡）施珠瑞像故事等，都为我们研究中西交通和佛教文化交流的历史，提供了十分形象的资料。这些故事画的内容，确实偏重于感应故事。但是，仍以高僧刘萨诃为例，通过神异色彩很浓的画面，我们却至少可以清楚地看到，这个曾被称作"刘师佛"的著名僧人，在历史上曾经存在过的巨大影响。又如其中婆罗门将写修圣容像的画面，还具体地说明了中国的佛教文化反转来影响西方的历史事实。诚如前述，对这些故事画，如果摒弃其神异虚幻的成分，加以正确的分析

㉔ 《大唐西域记》卷十二瞿萨旦那国："王城西行三百余里，至勃伽夷城，中有佛坐像，高七尺余，相好允备，威肃嶷然，首戴宝冠，光明时照。闻诸土俗曰：本在迦湿弥罗国，请移至此。昔有罗汉，其沙弥弟子临命终时，求酢米饼。罗汉以天眼观见瞿萨旦那国有此味焉，运神通力至此求获。沙弥啖已愿生其国，果遂宿心，得为王子。既嗣位已，威摄遐迩，遂逾雪山伐迦湿弥罗国。迦湿弥罗国王整集戎马欲御边寇。时阿罗汉谏王：'勿斗兵也，我能退之。'寻为瞿萨旦那王说诸法要。王初未信，尚欲兴兵。罗汉遂取此王先身沙弥时衣而以示之。王既见衣，得宿命智，与迦湿弥罗王谢咎交欢，释兵而返，奉迎沙弥时所供养佛像，随军礼请。像至此地不可转移，环建伽蓝，式招僧侣，舍宝冠置像顶。今所冠者，即先王所施也"（《大正藏》卷51，p.944）。

㉕ 《大慈恩寺三藏法师传》卷五（《大正藏》卷50，p.251）。

㉖ 敦煌石窟遗书S.2113："昔仁王于侵，行阵两边锋刃交战，勿（忽）有此佛踊现军前。仁王睹已，息甲兵，蒙佛光明，净心便□（息），其像便往于阗勃伽夷城。"

㉗ 同㉖。

211

和认识，其史料价值，都是不可忽视的。因此本文笼统地将它们称之为佛教史迹故事画。

这类故事画在敦煌莫高窟的出现，是唐王朝及五代、宋各朝通过河西地区同西域、中亚、印度之间友好往来和文化交流不断发展的结果。敦煌莫高窟的佛教史迹画，有一个演变发展的过程。在初唐时期，为了巩固佛教的社会地位，曾在洞窟主室南北两侧壁，以宏大的规模图绘自汉迄隋我国佛教史上的一些重要事件和著名高僧的事迹。到了中唐时期，则和吐蕃占领的历史条件有关，画面内容以印度和于阗等地的故事为主，而且多为瑞像，很少表现故事的情节，其所画的位置，进入了佛龛的盝顶四披。到晚唐五代，故事题材增加了很多，开始把许多故事组织在一起，形成构图复杂的画面；多画在洞窟甬道的顶部，而将诸瑞像整齐排列在故事画两侧的斜披上。宋代，佛教史迹故事画，再次在主室占据整铺大型经变画的位置，例如第72窟南壁的刘萨诃因缘故事，又如安西榆林窟第32窟南壁所见的佛教史迹故事画；上部画故事，下部画瑞像，画面较大，但数量却减少了。在西夏占领瓜、沙二州以后，煌敦壁画中已不见这类题材。

最后需要说明，佛教史迹画的内容繁多，却又大多画得十分概括，往往只有一个单身的形象，即便描绘故事情节亦相当简略，而且，常常画在偏僻的角落处，更兼彼此交织排列在一起，榜题又多漫漶不清，要弄明白每一个不大的画面，着实是要付出很多气力的。前面的介绍，仅是其中的一部分内容，更多的故事难以在有限的篇幅内一一探讨。为了便于读者了解情况和进行研究，现根据我们的初步调查，将莫高窟画有此类故事的洞窟及其内容列简表于后。

莫高窟佛教史迹故事画初步调查情况简表

时代	窟号	位　　置	内　　　　　容	备注
初唐	323	主室南、北壁	张骞出使西域、康僧会故事、昙延法师故事等九组	
	342	甬道顶	隐约可辨毗沙门天王决海等	遭烟熏
中唐	231	主室窟顶四披	分身像、于阗坎城瑞像、仰容山瑞像等三十余幅	
	237	主室窟顶四披	分身像、于阗坎城瑞像、仰容山瑞像等三十余幅	
晚唐	9	甬道顶	甬道顶：优填王造像、毗沙门天王决海等 两披：施珠瑞像、分身像、于阗勃伽尼城瑞像等	
	39	甬道顶	甬道顶：昙延法师故事、毗沙门天王决海等 两披：施珠瑞像、分身像等	
	45	甬道顶	甬道顶：昙延法师隐居百梯山、泥婆罗水火池等 两披：瑞像	
	85	甬道顶两披	施珠瑞像等二十余幅	
	126	甬道顶	甬道顶：于阗太子出家等 两披：瑞像十余幅	残
	236	主室窟顶四披	瑞像约三十幅	
	340	甬道顶	甬道顶：优填王造像、毗沙门天王决海等 两披：施珠瑞像、分身像等	
五代	5	甬道顶	隐约看到一部分瑞像	残
	72	窟顶南、北、西披 帐门两侧及南壁	西壁窟顶：施珠瑞像、分身像等约二十幅，帐门两侧：僧伽像、刘萨诃像；南壁：刘萨诃因缘故事	
	98	甬道顶	泥婆罗水火池等	残
	100	甬道顶南披	内容不清	残
	108	甬道顶	昙延法师隐居百梯山等	残
	138	甬道顶	佛教史迹故事	残
	334	甬道顶	优填王造像及毗沙门天王决海	
	397	甬道顶	甬道顶：纯陀故井、泥婆罗水火池、优填王造像等 两披：瑞像	
	401	甬道顶	甬道顶：毗沙门天王决海、优填王造像 两披：瑞像	
宋	25	甬道顶	甬道顶：纯陀故井 两披：瑞像	残
	53	窟顶南、北、西披	瑞像约二十幅	
	146	甬道顶	甬道顶：纯陀故井，尼婆罗水火池故事等 两披：瑞像	
	454	甬道顶	甬道顶：泥婆罗水火池、以手障日、阿育王石柱等 两披：瑞像	

图版说明

万庚育　李其琼　孙儒僩　欧阳琳　霍熙亮
孙修身　关友惠　李永宁　刘玉权

盛　唐
（公元712—781年）

1　第320窟　西壁龛内北侧　菩萨

此窟建于盛唐晚期，甬道存宋画，主室覆斗形窟顶，平面方形，西壁开一平顶敞口龛。龛内塑像存一佛、一弟子（迦叶）、二菩萨，浮塑背光两侧画八弟子、二菩萨。龛顶画说法图一铺，龛口沿画团花边饰。龛下底层壁画为盛唐画供器等，表层为宋画供养人及狮子。南壁画阿弥陀经变一铺，已因被美国人华尔纳盗劫而残损，经变上部四飞天为敦煌飞天中素来脍炙人口的佳作。北壁画观无量寿经变一铺。东壁门两侧各画供养菩萨二身。龛内北侧菩萨塑像为盛唐彩塑代表作之一，高1.78米，肤色已变为红褐色，但造型结实、稳定，"S"形的体态表现出舞蹈的动势。

2　第320窟　西壁南侧　菩萨

初、盛唐时期的窟室内，佛龛外左右两侧多画观世音菩萨与大势至菩萨。这身菩萨冠上有一坐佛，左手提净瓶，右手持柳枝，纱裙透体，为观世音菩萨像。

3　第320窟　西壁龛顶　说法图

龛内顶部壁画多与龛内塑像密切相关。本窟龛内主尊为彩塑善跏坐说法相。龛顶说法图主尊亦为善跏坐说法相，两侧侍立弟子、菩萨、天王，四周并有彩云承托围绕。此图应是表现弥勒说法。作者以彩塑和壁画上下结合，按照弥勒经变的要求完成龛内的整体布局。

4　第320窟　北壁　观无量寿经变

《观无量寿经》是中国佛教净土宗主要持奉的经典之一，也是莫高窟唐代经变画中绘制较多的一种题材。佛经说，无量寿佛有无量光、无量寿，众生闻此佛名号，可免无数生死之罪，生往此佛极乐国土，享受种种极乐盛事。经变描绘了极乐世界的具体形象，画面布局与阿弥陀佛经变相似，中部画无量寿佛及观音、大势至等诸菩萨坐中央七宝台上，圣众围绕，台下七宝池水荡漾，鸳鸯、鹤鸟和鸣。水中有金莲花，花中化生童子。前部舞乐。后部有殿堂、楼阁、亭台等建筑，巍峨壮观。虚空亿万化佛、化菩萨驾云而起，各种天乐不鼓自鸣。左侧竖条幅画未生怨故事，右侧竖条幅画"十六观"。

5　第320窟　北壁东侧　未生怨之一
6　第320窟　北壁东侧　未生怨之二

"未生怨"是观无量寿经变里的主要故事。故事说：释迦在耆阇崛山滞留期间，王舍城有一王子，名阿阇世，因与父王有生前之怨，受恶友调达（提婆达多）教唆，将其父——国王频婆娑罗禁闭于七重室内。王后韦提希为救国王，澡浴净身，用蜜拌炒面涂身，以璎珞盛葡萄浆，密潜王处，国王食面饮浆，合掌向耆阇崛山遥礼世尊，誓言愿兴慈悲，授持八戒。霎时，佛遣弟子目犍连、富楼那飞抵王处，为王说法，传授八戒。国王食面、听法，三七日后，颜色和悦。阿阇世得知，即执利剑欲杀其母，经大臣劝阻，乃将其母亦幽禁深宫。韦提希在室内忧愁憔悴，遥向耆阇崛山礼佛，礼毕，即见佛坐百宝莲花座，目犍连侍左，阿难侍右，从空而来，虚空普降天雨花。韦提希见佛，举身投地礼拜，誓言愿弃浊恶现世，生往佛国。画面为连环画形式，故事情节自下而上：1.画一城门，城外有二守门人，旁列五戟：城内阿阇世骑马率众，下令缚拿其父，囚于七重室内。2.王后韦提希身涂蜜面至国王处。3.阿阇世向看守国王门人查问详情，守门人打躬向王子行礼、禀报。4.韦提希被执欲杀，月光、耆婆二大臣前往谏阻。5.韦提希向耆阇崛山礼佛，佛与弟子目犍连、阿难从空降临。6.画高山、深壑和海面，有一佛即将从地平线升起，当是佛与圣众说法之耆阇崛山。

7　第320窟　南壁　阿弥陀经变（部分）

经变的主要部分受到华尔纳盗劫行径的严重破坏。但画面上部，在华丽的宝盖和装饰意味的双树之上，四身散花供养的飞天保存完好。飞天两两相对称，在对称中又富于生动的变化。前面的一身回头，与后面的一身密切呼应。长长的飘带衬托出飞行中轻盈灵动的体态。人体比例准确、优美，衣裙上装饰着精致的图案。构图上，巧妙地利用了画面上沿狭窄的空白。这是莫高窟唐代飞天的代表作之一。

8　第320窟　窟顶藻井

覆斗形窟顶四披画千佛，中央饰藻井。这个藻井的特点，中心方井很小，外层边饰层次增多，色彩丰富，纹样多变化。中心方井同样采用初唐时期的团形莲花图案，外围边饰纹样有半团花、方胜纹、花瓣纹、莲瓣纹、垂角纹、彩铃、璎珞等。青、绿、红、黑、白五色交辉，叠晕层次多，灿烂的色彩，使藻井呈现出富丽堂皇的效果。

9　第172窟　南壁　观无量寿经变
10　第172窟　北壁　观无量寿经变

此窟前室、甬道存宋画。主室覆斗藻井顶，团花井心，四角各画飞天一身，四披画千佛。西壁开一平顶敞口龛。龛内塑一善跏趺坐佛及二弟子四菩萨，其中二菩萨为半跏趺坐，余为立像。背光两侧画六弟子。龛顶画菩提宝盖，龛外两侧塑二天王、画二天女。南北两壁各画观无量寿经变一铺。东壁门上画西方净土变，左右两侧画地藏、药师等菩萨共八身。门两侧分别画文殊、普贤。南北两壁的观无量寿经变，与初唐经变画比较，人物的组合、建筑的布局，以及透视关系的处理，都已有长足的进步。特别是透视的画法，值得注意。中部大殿是建筑主体，画成仰视，显得高大。两侧配殿低于大殿，画成俯视，利于表现其广阔。后部楼阁，则取平视角度，显得深远。显然不是完全合乎科学的透视法，但由于同时采用了仰视、平视、俯视的不同角度，从而使视点大致集中在中轴线偏上的部位，略有焦点透视的效果，使人感到真实、亲切。遂使图中殿堂、楼阁、亭台错落有致，形成一个宏伟的宫殿建筑群。右侧竖条幅画未生怨故事。左侧竖条幅画十六观。南壁左侧下数第三题榜墨书："第十一观佛身丈八观"。《观无量寿佛经》第十三观为杂想观，经文说："若欲至心生西方者，先当观于一丈六像"，故知此处榜题所示为杂想观。

11 第172窟 南壁西侧 观无量寿经变（部分）

观无量寿经变西侧连环画为未生怨故事，画面自下而上可见：1.武士把守着城门，门旁置列戟。2.阿阇世逮捕国王。3.王后韦提希探视国王，大目犍连自虚空来。4.阿阇世欲杀母后。5.国王与王后各自在室内礼佛。各情节均以建筑物，如屋顶、墙垣以及树木为间隔，在完整统一的场景描绘中展开时间前后不同的故事情节，连续性很强。

12 第172窟 北壁观无量寿经变中 供养菩萨

无量寿佛座前有胡跪供养菩萨，以花朵、香炉虔诚供养，图中形象如少女，飘带环绕，描绘流畅生动。

13 第172窟 北壁 观无量寿经变（部分）

图为北壁观无量寿经变，左侧一角，平台上菩萨天人听法，形象丰腴健美，气氛肃穆，格调高雅。环绕着平台列置着宏伟壮丽的建筑群。建筑形象清晰、具体，可见大殿面阔五间，廊檐下的斗拱结构清晰可辨。大殿左侧回廊折向前，与几座配殿相联系。佛殿均作庑殿顶。回廊都是敞开的廊子。回廊转角处，各有四面开敞的角楼一座，使建筑群的空间增加了起伏变化。佛殿中现十方诸佛。

14 第172窟 北壁观无量寿经变中 思惟菩萨

经变左侧一楼阁的上层，面阔五间，进深约四间，花木掩映、枝叶扶疏。楼内一菩萨，静坐冥思。由景物的烘托，造成了独特的意境。

15 第172窟 东壁北侧 文殊变（部分）

盛唐后期，文殊、普贤分列壁面两侧的形式已经出现。此窟文殊、普贤侍从眷属左右簇拥，构图渐趋复杂。

图为文殊变的上部，以山水为背景。五台山是文殊菩萨道场，此山背景应是画师想象中的五台风光；其中岗峦重叠，河水滔滔，林木丛生，景色宜人。山水画的平远透视趋于成熟，晕染效果也已能达到"石分三面"。此图对于研究唐代山水画的发展水平，实为不可多得的实物资料。

16 第172窟 西壁龛顶 飞天

图为龛顶华盖的南侧，画飞天二身，一来一往，围绕着华盖快速飞旋。一身犹如直立升空，一身犹如急速降下。飞翔的动势，在飘拂的彩云衬托之下，显得更为强烈。

17 第171窟 北壁西侧 十六观（部分）

此窟形制与布局和第172窟接近，但西壁龛为盝顶帐形龛，这是中唐时期普遍出现的龛形，至此始开端倪。龛内塑一佛二菩萨，另存清塑四弟子。龛顶中画椭圆形宝盖与棋格团花，四披均画药师佛及菩萨立像。南壁、北壁和东壁均画观无量寿经变。此窟观无量寿经变两侧的未生怨和十六观情节表现较为细致，以框格分割画面。此图由上而下，从右到左，竖六横三，分为十八个画面，图中为日想观、水想观、地想观、总观、华座观、观无量寿佛、观大势至菩萨、普想观、杂想观等。

18 第171窟 北壁东侧 未生怨（部分）

此图分作三十二个画面，图为保存较好的部分，各幅均有完整的构图。

19 第27窟 西壁上部龛前 供养菩萨

此窟主室覆斗顶，藻井井心饰卷瓣莲花。西披开一龛。龛内塑释迦多宝二佛并坐像。龛前由西壁悬空出二莲花台，其上塑二胡跪供养菩萨，神态严肃，造型写实。这样"升在虚空"的彩塑菩萨，是敦煌石窟仅有的例子。其下方，西壁开一平顶敞口龛，龛内一佛。南壁画西方净土变。北壁画药师净土变。东壁画菩萨、花卉。前室现存西夏壁画。

20 第384窟 西壁北侧 地鬼

此窟建于盛唐，后经中唐、五代重绘壁画，清代重修彩塑。主室是宽4.4、深4.1、高4.4米的方形窟，覆斗藻井顶，团花井心，四披画千佛。东壁门上中唐画七佛，门南、北分别画菩萨或天王。南、西、北三壁各开一平顶敞口龛。南、北壁龛内各塑一佛二菩萨，龛外西侧均有中唐画跏坐佛一身，东侧分别画六臂不空罥索观音或六臂如意轮观音一铺。西壁龛内塑结跏趺坐佛一身，及二弟子、二菩萨、二供养菩萨。二天王塑在龛外两侧。图为北侧天王足下的地鬼，综合了某些动物的特征而形成怪异、有趣的形象，不同于这以前常见的那种在重负下着重于力量的表现。

21 第384窟 西壁龛内南侧 菩萨

正壁龛内以彩塑组成阿弥陀佛说法群像，阿弥陀佛左

215

侧立像为观世音菩萨,此为右侧的大势至菩萨,虽经后代重新妆色,但造型仍保持原作风格。比例适中,面相丰腴,体态自然,衣纹塑造简练流畅。

22　第384窟　西壁龛内北侧　供养菩萨

这是图中阿弥陀佛左侧的供养菩萨,披巾及项饰均已残,长裙裹足,胡跪于莲台上,双手合十凝视着前方,表现出对主尊虔诚供养的神情,肌肤的质感也塑造得十分成功,为盛唐晚期的代表作品。

23　第79窟　西壁龛内北侧　菩萨(部分)

此窟前室尚存盛唐画:西壁门两侧有金刚力士各一身,南壁有千手眼观音,北壁有卢舍那佛,顶西披有立佛。余皆五代所画。主室覆斗藻井顶。南、东、北壁都画千佛。西壁开一盝顶帐形龛,内塑一佛、二弟子、四菩萨(其中二半跏坐、二立像),龛外塑二天王。龛内南、西、北壁均画屏风画。龛顶中画棋格团花图案,四披画立佛、菩萨。由此窟可见,中唐的佛龛形制已渐趋形成。图为龛内北侧壁画菩萨,面相条长,眉高眼阔,垂视下方,鼻高嘴小,下颏饱满。左手持长茎莲花,由于肌肤未加晕染,在周围装饰图案的衬托下显得素面如玉。由此表明,在盛唐晚期,无论窟龛形制或绘塑风格,中唐时期的某些因素都已渐渐显露征兆。

24　第79窟　窟顶藻井

窟顶四披画千佛,中央饰藻井,井心为一团花。团花是由四片葡萄叶和四朵花瓣对称组织而成。叶片下有八个花蒂围绕着八瓣花组成的花心,外围边饰有联珠纹、花苞纹、方格纹、团花、龟背纹、半团花、卷瓣莲、璎珞、流苏、彩铃、幔帷等。绘制中以黑褐色打地,间隔了作为色彩基调的白、青、绿,形成一种明快雅致的效果。

25　第79窟　窟顶　千佛及供养童子(部分)

此为窟顶一角。贤劫千佛是各时代都常见的题材。图中千佛一一结跏趺坐于莲花上,排成整齐的图案形式,富于装饰效果。千佛行列的边缘点缀了二身裸身童子,脚穿靴,手持莲花供养,跳跃嬉戏,形象稚气天真,在壁画中殊为少见。

26　第166窟　西壁龛顶　说法图(部分)

此窟主室覆斗藻井顶,云头团花井心,四披画千佛,东壁、南壁和西壁龛外两侧画阿弥陀药师多宝诸佛、观音、地藏诸菩萨及供养人。北壁画千佛,中央中唐画说法图一铺。西壁开一平顶敞口龛,龛内塑一佛二菩萨,清塑四弟子,浮塑背光两侧画二菩萨五弟子。龛顶画菩提宝盖和说法图一铺。说法图北侧保存较好。所画善跏坐说法佛当为弥勒树下说法形象,北侧胁侍应为法花林菩萨。图为北侧的菩萨、弟子及与会听法的众菩萨天人,草木葱茏,色彩鲜艳,一派佳境。

27　第148窟　甬道顶南披　报恩经变恶友品(部分)

此窟建于盛唐之末的大历十一年(公元776年),后经中唐、晚唐、西夏各代补绘、重修,为涅槃窟。主室平面横长方形,拱券顶上中唐画千佛,西壁设佛坛,坛上塑释迦涅槃像及弟子、天人、王子、姨母和菩萨等举哀像计七十二身,壁上画巨幅涅槃经变。南北两壁分别开一如意轮观音龛或不空羂索观音龛,均为盝顶帐形龛,无前披。东壁门上画千手千眼观音,门南北两侧分别画观无量寿经变或东方药师经变。甬道顶有莫高窟现存最早的一铺报恩经变。图为残存于甬道顶南披的报恩经变恶友品,画了善友太子入海求得大摩尼如意宝珠后,被弟弟恶友太子以干竹刺瞎双目夺珠而去,尔后善友遇牛王救护等情节。画面恶友肆虐,因用力凶猛而袍袖扬起,颇为生动,描绘追逐水草的牛群亦良多意趣,是敦煌报恩经变故事画中的优秀作品。

28　第148窟　南壁上部　弥勒经变

南壁龛以上的壁面画大幅弥勒经变。经变的构图大体可分作上中下三部分,画面上部横向展开宽广的院落建筑,在正中的大门上书写榜题"兜率陀天宫"。院内弥勒菩萨倚坐,众眷属、从众、菩萨、天人围绕,左右楼阁、亭台、回廊相连,组成庞大的宫殿建筑群。这是以弥勒菩萨住所兜率天宫为主要内容的弥勒上生经变,以下则为弥勒下生经变。画面中部,弥勒佛双足踏莲台,倚坐于须弥座上,左、右分列胁侍菩萨法花林、大妙相和众供养菩萨、天王、力士等。顶悬七宝华盖,前置供案香台,是为弥勒佛初会说法场面。西侧和东侧有佛、菩萨、天王、力士等各一组,分别为第二会说法和第三会说法。下部画弥勒下生经变中各种情节性的内容:正中为转轮圣王穰佉奉献给弥勒佛的七宝幢,弥勒转施给诸婆罗门;西侧是以穰佉王为首的男剃度场面,东侧是以穰佉王妃为首的女剃度场面;其下东端绘一大城,有大力龙王夜降细雨以淹灰尘,并有一大夜叉,在此扫除清净;此城以上仍又有几处城池或建筑,多描绘穰佉王有关故事;西端画妇五百岁始婚嫁、树上生衣、路不拾遗、人命将终自诣冢间及一种七收等场面。壁画构图对称、齐整,而又明快、生动,是一幅精致优美的经变画。

29　第148窟　北壁龛顶东披　药王菩萨

南北两壁的龛,均作三披的盝顶。北壁的不空羂索观音龛,龛顶中央画欢喜藏摩尼宝胜佛一铺,北披画地藏菩萨一铺,东、西披各画药王菩萨一铺。图中东披药王菩萨托钵,结跏趺坐于莲花上。莲花向两侧蔓生枝梗,出八莲花及叶,上各坐交脚菩萨、天王。

30　第148窟　南壁龛顶西披　菩萨与火天神

南壁如意轮观音龛,龛顶及三披均画观音变相。西披为三头六臂观音一铺,图为南端,画菩萨与火天神。火天神坐于莲叶上。秃顶长须,作羸瘦苦行老者的形象,裸上身,四臂执杖、净瓶、串珠,跣足,火焰背光,并无凶恶之相。

31　第148窟　北壁龛顶西披　菩萨

北壁龛顶西披亦画药王菩萨一铺，构图与东披相仿。图中为其中一菩萨，坐莲花，右手托左肘，左手背支下颏，作思惟状，题名"定自在王菩萨"。右下一身菩萨，题名"大严菩萨"。又一题榜，为"光相菩萨"。

32　第148窟　北壁龛顶北披　菩萨

北壁龛顶北披为地藏菩萨一铺。图为东端的三身菩萨，俱坐莲花，一身双手合十，题名"大力菩萨"；一身以左手执方形宝印，题名"执宝印菩萨"；另一身右手托腮，俯首冥思，题名"思惟菩萨"。

33　第148窟　北壁龛内西侧　月光菩萨

龛内北壁背光两侧，原有日光菩萨与月光菩萨相对，均为浮塑。现东侧日光菩萨一身已被盗劫，这是莫高窟仅存的三身浮塑之一，惜已残损。

34　第148窟　南壁东侧　文殊菩萨
35　第148窟　北壁东侧　普贤菩萨

南北两壁东侧分别画文殊师利菩萨和普贤菩萨，遥遥相对。南壁文殊师利菩萨，座下的青狮大眼圆睁，张嘴呼吼，昆仑奴正紧扣缰绳，用力驾驭。普贤头戴宝冠，身披璎珞，手拿花枝，半跏坐于象背的莲座上，上有华盖，后有背光，光焰四射。座下的六牙白象足踏莲花，象奴右手执杖，正在驱赶它前进。两幅都是利用狭长的壁面表现富有动势的题材，获得成功。画面描绘狮、象两种兽类的不同性格特征，同时通过飞天和供养童子的活跃动态，避免了形象的雷同，并增添了勃勃生气。

36　第148窟　东壁北侧　药师经变
37　第148窟　东壁北侧　药师经变（部分）
38　第148窟　东壁北侧　药师经变（部分）

这铺经变表现东方药师净土，几乎是莫高窟净土变相中规模最大的一幅。《药师如来本愿经》（隋·达摩笈多译）中描写东方药师净土说："……琉璃为地，金绳界道；城阙宫阁，轩窗罗纲，皆七宝成，亦如西方极乐世界，功德庄严等无差别"。因此经变构图与阿弥陀经变十分相似。图中药师琉璃光佛居中，左右胁侍为日光、月光二菩萨，其余的听法会众、神将列置两旁，俱在中央平台上。前台设舞乐，二人相对起舞，两侧乐队各十人，平台均坐落水池中。水池周围起殿堂楼阁。画面显示盛唐晚期的建筑界画技巧已较前有了很大的提高，相对准确的透视技法，能够充分表现一个大院落的空间和深度，并能把握各种建筑物之间的比例关系。以上药师净土图的两侧，各以竖条幅形式，北侧画十二大愿，南侧画九横死。图中，中央平台的两侧，均有一座三开间的单层佛殿，殿堂四周不设门窗墙壁，可以看见佛殿的内柱，殿内有一佛二菩萨结跏趺坐。佛殿下有两重台基，台基边沿立朱栏。众多供养菩萨来往于台基上。台基的陡面分成若干方格，方格内

装饰卷瓣莲花，图案富丽。下层台基的一侧有弧形踏道，菩萨在此递送供品。

39　第148窟　东壁南侧　观无量寿经变
40　第148窟　东壁南侧观无量寿经变中　舞乐

此图与北侧药师经变同属莫高窟幅面最大的壁画净土变，结构形式亦相似，两侧的竖条幅分别画未生怨和十六观。图中间画西方阿弥陀净土。在中央平台上，阿弥陀佛（无量寿佛）结跏趺坐，观音、大势至菩萨及众菩萨左右胁侍。中央大平台前列以虹桥相连的五座平台，有二人居中对舞，两旁共四组人数众多的乐队为之伴奏。再前又有二平台，其上各有一佛及众菩萨。台下池水清澈，莲花上出化生童子，属于十六观中的后三观，上辈观、中辈观和下辈观，亦即九品往生。画面上部的宫殿建筑，规模巨大，十分雄伟。空中有十方诸佛赴会，满天乐器不鼓自鸣。所绘西方净土的双人舞蹈，舞者手握绸带，步法轻捷、急促，旋转不已，绸带飞舞如龙蛇腾跃。优美的舞姿正是研究舞蹈史的珍贵资料。

41　第194窟　西壁南侧　力士

此窟建于盛唐，后经晚唐、西夏重修。前室西壁门上为晚唐画说法图，门南北两侧各画天王一身，余皆模糊。甬道顶晚唐画说法图，南北两壁画不空羂索、如意轮观音各一铺。主室覆斗形顶已尽塌毁。东壁画地藏、观音、千佛及男、女供养人。南壁画维摩诘经变一铺。北壁画观无量寿经变一铺。西壁开一盝顶帐形龛，龛内塑一佛、二弟子、二菩萨、二天王，龛外两侧力士台上塑二力士，一铺共九身，大都是敦煌彩塑中的杰作。图为龛外南侧力士台上的力士塑像，高1.46米，腰系短裙，半裸。人物造型在写实的基础上加以夸张，刻意强调肌肉的隆起和表情的紧张，令人感到这尊护法神切齿怒目、身躯雄建和无穷尽的内在力量。唐代匠师已经运用晕染手法于塑像的赋彩，此像即用赭红晕染肌肉的凹陷处，增强明暗对比以突出肌肉的立体感，而使彩塑真实而感人。

42　第194窟　西壁龛内南侧　天王、菩萨
43　第194窟　西壁龛内南侧　天王（部分）
44　第194窟　西壁龛内南侧　菩萨（部分）
45　第194窟　西壁龛内南侧　弟子

此龛内居中塑主尊善跏坐佛像，或为弥勒说法龛。图中佛右侧（龛内南侧）天王，或即南方增长天王毗琉璃，像高1.39米，头挽高髻，身着铠甲，脚穿战靴，面露笑容，是一位爽朗憨厚的武士形象。彩塑铠甲用青、绿色绘石榴蔓草加以装饰；面部用流畅的赭色线画出腮下、颏下的胡须，质感细软逢松，收到了泥塑无法表达的效果。佛右胁侍，或为弥勒三尊之一的大妙相菩萨，高1.42米，头梳垂双鬟髻，长眉连鬓，两目低垂，嘴角深陷，面颊丰腴，身穿圆领无袖上衣，披巾回绕搭于左肘。衣裙上彩绘花朵，富有丝绸织绣的真实感。这身菩萨神情娴静，姿态端庄，表现出女性美，宛若俊秀的少妇形象。主尊两侧的二弟子

像，多表现为一老一少，即释迦最亲近的弟子大迦叶和阿难的形象。阿难乃释迦从弟，是净饭王弟甘露饭王之子，称"多闻第一"，常在释迦身旁随侍。佛像南侧弟子，就是这位年少比丘的形象，其眉、眼、鼻、唇之间不禁流露出内心的喜悦，显得格外聪敏机智而又安分、虔诚。袈裟的衣褶线条洗练流利，显示匠师造型技巧的高超。

46 第194窟　西壁龛内北侧　菩萨
47 第194窟　西壁龛内北侧　天王

佛像左侧胁侍菩萨，或即弥勒三尊之一的法花林菩萨，像高1.48米，塑工精细，头挽垂髻高髻，斜披巾，锦绣长裙，肌肤丰柔莹洁，目光低垂，给人以慈爱可亲之感。左侧的天王，位于龛北，或为北方多闻天王毗沙门。此像身躯雄壮魁梧，顶盔贯甲，全副武装，面涂赭红，横眉怒目，一副耀武扬威的神态，俨然是天国的一员猛将。与南侧带笑的天王恰成对比。

中　唐
（公元781—848年）

48 第201窟　北壁观无量寿经变中　舞乐

此窟建于中唐（吐蕃占领敦煌时期），主室平面方形，覆斗形顶，藻井井心饰环枝茶花，四披绘千佛。西壁开平顶敞口龛，画跏坐佛及弟子。南、北壁各画观无量寿经变一铺及观音、地藏立像。东壁门上画说法图，门两侧宋画天王。龛内弟子像与两侧壁经变画均属佳作。图中北壁观无量寿经变净土平台上独舞者，头戴宝冠，饰耳珰、璎珞、臂钏、手镯，腰系石榴裙，裸上身，手握长带，舞姿舒缓轻柔，属于唐代的"软舞"。伴奏者四人一组对坐于两侧，演奏方响、琵琶、横笛、笙、箜篌、筚篥、拍板等乐器。线描简练，色彩明快，造型动态十分优美。此窟建于吐蕃占领敦煌之初，但新的壁画风格已见形成。

49 第199窟　西壁北侧　菩萨

此窟系盛唐所建，主室覆斗顶饰团花藻井，四披画千佛。北壁画观无量寿经变一铺。南壁画千佛、菩萨、比丘、女供养人。东壁画千佛、观音、地藏、天王等。西壁开一盝顶帐形龛，龛外南侧盛唐绘观世音菩萨一身，现已变色。图为西侧龛外北侧中唐补绘的大势至菩萨，《观无量寿（佛）经》云："以智慧光，普照一切，令离三涂，得无上力，是故号此菩萨名大势至"。作为阿弥陀佛胁侍，乃"西方三圣"之一。菩萨面相丰圆，神情潇洒，右手托盆花，足踏莲台，土红线条劲挺流畅，赋彩淡雅，表现出中唐的新风格。

50 第205窟　西壁弥勒经变中　耕获

此窟原建于初唐，后经盛唐、中唐、五代增修。主室覆斗藻井顶，三兔井心，四披画千佛。窟中央设中心佛坛，塑一佛、二弟子、二菩萨、二供养菩萨及中唐增塑二天王。东壁存五代画，南、北壁初、盛唐画说法图、观音

经变、西方净土变等。西壁中唐画弥勒经变，两侧画文殊、普贤及盛唐画观音像等。弥勒经变是敦煌常见的经变题材。后秦·鸠摩罗什译《佛说弥勒下生成佛经》云：当弥勒佛出世之际，"尔时阎浮提中……雨泽随时，谷稼滋茂，不生草秽，一种七获，用功甚少，所收甚多，食之香美，气力充实。"唐代弥勒经变中都以耕获场面来表现这一内容，图中田间二牛抬杠牵犁。农夫一手扶犁一手扬鞭进行深耕细作。收获的稻谷已捆扎排放齐整。另一农夫使用连枷正在"打场"。田边有农妇送来茶饭。这些写实的场面为了解当时的田间生产情况提供了很好的形象资料。

51 第197窟　西壁龛顶（部分）

此窟建于吐蕃占领时期，主室平面方形，覆斗顶藻井饰莲花井心，四披画千佛。东壁画观音菩萨。南壁画菩萨、地藏、千佛等。北壁画观无量寿经变一铺。西壁开一盝顶帐形龛，龛内存彩塑一佛一弟子一菩萨，龛壁画十大弟子。盝形龛顶是中唐佛龛普遍采用的形制，图为龛顶西北角。平顶饰以主要由莲花变形而成的四方连续棋格团花，具有整洁爽朗的视觉效果，表现出中唐装饰图案的特点。四披画众多同一姿态的持钵药师佛立像，这是随着盝形龛顶的出现而形成的固定题材，以后逐渐有所改变。由于药师佛的造型与色彩划一，排列整齐，因而亦有浓厚的装饰意味。药师佛以下又以二方连续的棋格团花作为边饰。

52 第197窟　西壁龛内南侧　菩萨（部分）

龛内主尊善跏坐弥勒佛像右侧胁侍，应为大妙相菩萨。面庞丰圆饱满，眉宇舒展，眼神灵秀，神态恬静而庄重，贴体的锦绣天衣覆盖在丰腴的脚背上。虽然面部和手臂有残损，但形象健美而又略带稚气，具有艺术的感染力。

53 第112窟　南壁　观无量寿经变
54 第112窟　南壁观无量寿经变中　舞蹈

此窟主室覆斗形顶，藻井四云头团花井心，四披画千佛，各披千佛中央有跏坐佛一身。西壁开一盝顶帐形龛。龛内马蹄形佛床上塑一佛二弟子二菩萨；龛壁画屏风画；龛顶画棋格团花，四披画坐佛、菩萨、化生。东壁门上画降魔变，门南为大势至变相，门北为观音经变，皆残。南北两壁各画经变二铺；东起，南壁为观无量寿经变和金刚经变。北壁为药师经变和报恩经变。这个仅能容四人立足的小窟，内容丰富，壁画极为精致。但有部分人物形象曾在晚唐、五代时被填涂过云母粉并加描墨线和朱线。图为南壁东侧的观无量寿经变。由于幅面较小，构图十分紧凑，虽满而不显拥塞，众多的人物和复杂的环境无不井然有序。特别为人称道的是主尊阿弥陀佛座前的舞乐场面。中间美丽的舞者，举起琵琶反背在身后，屈身向右，吸右腿，和着激动人心的乐曲声，跳着欢快的舞蹈。这就是有名的"反弹琵琶"舞。她手中琵琶在背后拨弄，连弹带舞，是难度极大的动作。给我们提供了研究舞蹈史的珍贵资料。两旁六身伎乐，八字形分坐两侧。自右起分别演奏琵琶、阮咸、箜篌、鸡娄鼓、横笛、拍板等。前面又一平台上四

伎乐两两背向而坐,演奏琵琶、笙、筚篥、拍板。显然,作者主要是通过乐舞场面来表现净土的欢乐。

55　第112窟　南壁　金刚经变(部分)

南壁西侧依据后秦鸠摩罗什译《金刚般若波罗蜜经》绘金刚经变。经变的上部,绘出流云缭绕、幽远浩渺的山水、其中岗峦起起伏伏,奇峰突兀,悬泉飞瀑,林木森森。画得甚有气势,并已有深邃的意境。《金刚经》是佛教禅宗的主要经典,记述释迦在舍卫国祇树给孤独园与长老须菩提的答问。图中山水景色所表现的应是画工想象中的祇树给孤独园,虽然是作为释迦牟尼讲经说法会场的背景,却反映了中唐山水画发展情况和成就。

56　第112窟　南壁金刚经变中　弟子

金刚经变在构图上与一般以法会场面为主的经变类似。以释迦牟尼佛结跏趺坐居中为主尊,诸菩萨、声闻、天王等围绕在身边,即经文所称"与大比丘众千三百五十人俱"。图为主尊左侧的二弟子像,均用极其简练纯熟而又刚劲有力的线条,勾勒出富有个性的形象。少年佛弟子,宽额丰颊,谦恭虔敬。另一年长弟子,则目光锐利,显得饱学多智。人物面部的淡彩晕染亦加强了壁画的表现力。

57　第112窟　南壁　金刚经变(部分)

金刚经变说法场面的一部分。以倚坐于释迦牟尼佛右侧的胁待菩萨为首,众菩萨围坐听法。二比丘和护法天王肃立于后。图中面像丰圆、形象健美的菩萨,虔诚恭敬的佛弟子和孔武威严的护法天王,不同形象的类型特征表现得十分鲜明,描绘细致精微。

58　第112窟　北壁　报恩经变

北壁西侧是依据《大方便佛报恩经》绘制而成的报恩经变。中部为序品佛说法场面,释迦牟尼佛结跏趺坐在仰莲宝座之上,众菩萨、弟子及诸大圣众等围绕供养,静听佛法。佛案前为舞乐菩萨。舞乐场面以下画序品中阿难乞食路遇婆罗门子孝养父母故事。其东侧为孝养品须阇提太子本生。经变西下角画一比丘弯弓射狮,又画火焰和舍利塔,是亲近品中的坚誓狮子本生。以东,又画一比丘,面对五个婆罗门,为亲近品中另一故事:小比丘为护持正法,独自感化群贼。图中以五人代表五百恶贼。经变上部宝盖后画山水,以示耆阇崛山。围绕着山水,画论议品中的鹿母夫人故事。为幅面所限,每个故事均选取若干最重要的情节,十分简练。

59　第112窟　北壁　药师经变

据《药师琉璃光如来本愿功德经》,释迦牟尼佛游化各国时,到广严城,停住在乐音树下,有众菩萨、佛弟子、天龙八部、药叉大将、人非人等与居士众人,恭求世尊讲经说法。释迦牟尼佛当即讲述了在遥远的东方,有一净琉璃世界,有佛名号琉璃光如来,为救渡众生,而广施一切功德。北壁东侧画药师经变一铺,图中央绘释迦牟尼佛结跏

趺坐仰莲台上。弟子、菩萨、化生童子供奉左右。佛案前舞乐菩萨舞步轻盈,两旁乐队以楷鼓、腰鼓、方响、横笛、排箫、筚篥、琵琶、拍板伴奏,丝竹齐鸣。舞乐前的又一平台上,聚集着十二药叉大将,宫毗罗、伐折罗、迷企罗、安底罗、爱你罗、珊底罗胡跪于东侧,因达罗、波夷罗、摩虎罗、真达罗、招杜罗、毗羯罗胡跪于西侧,皆戴宝冠,披戎装,孔武威严地卫护着法令。药叉大将的形象,除眼珠被后代点涂过云母粉外,仍保存中唐的原貌。药叉大将两侧各有接引佛及四菩萨立像。经变上部正中绘一楼阁,楼上一佛二菩萨,下为说法堂。两旁配殿,内置宝莲花,各化一佛二菩萨飞升上空。殿堂皆以回廊相连。东有经楼,西有钟楼。另有释迦毫光化生一佛二菩萨二铺,飞升于阁楼两侧。建筑宏伟,界画线描完整清晰。图中菩萨形象大都经后代重涂过云母粉并加描朱线。

60　第112窟　北壁报恩经变中　力士

北壁西侧报恩经变中有左右一对护法力士。图为西侧的一身,头扎发巾,梳高髻,穿犊鼻短裤,半裸,披巾绕身,双眼环睁,怒目裂眦,大声呼吼,右手持金刚法杵高举头上。全身的肌肉块块隆起,加以强调和夸张,显示出降伏一切的无穷力量。

61　第112窟　北壁报恩经变中　舞乐

北壁西侧报恩经变中,舞者头戴宝冠,身穿羽领紧袖贴身小衫,下着羽口裙、窄裤,赤露双足;双手十指交错,高举过头,向右倾侧;左脚立地,右膝高提,吸足;舞姿轻捷,神情娴雅。乐队东侧一组以吹打乐为主,有腰鼓、鸡娄鼓、鼗鼓、横笛、拍板。西侧一组则吹、弹、打击乐齐备,有筝、琵琶、笙、拍板。人物与乐器均描绘细致、生动。

62　第112窟　南壁金刚经变中　舞乐

绘于南壁西侧金刚经变的下部。九身舞乐菩萨,皆梳高髻,戴宝冠,裸上身,佩宝珠项圈,臂穿双镯和钏,披彩带,著彩裙,露双足。舞者动作稳健有力,款款而舞。乐队分坐两侧。东侧四身吹法螺、横笛、筚篥、打拍板。西侧四身拨箜篌、弹琵琶、吹笙、击羯鼓。演奏的姿态,或仰或俯,有的转身回头,统一之中求变化,显得生动自然。

63　第158窟　西壁坛上　佛涅槃像(部分)

此窟为吐蕃统治时期所凿,西夏时曾重修甬道。窟室平面横长方形,宽17.1、深7.4、高9.5米。盝形顶,画八方净土、赴会菩萨及文殊变、普贤变。东壁门上画如意轮观音一铺,门南、北分别画天请问经变和金光明经变。西壁佛坛上塑释迦牟尼佛卧像,为涅槃相。坛上壁面画天龙八部、梵释天人、弟子、菩萨举哀及散花飞天。南壁塑立佛一身,画举哀弟子及菩萨、飞天。北壁塑善跏坐佛一身,画各国王子举哀等。窟内三尊塑像系三世佛。全窟内容以佛入涅槃为中心,大型彩塑卧佛之外,又辅以壁画,构成规模空

前的大型涅槃变。按照佛经的记载，释迦牟尼佛八十年间教化众生，化缘已尽，于中天竺拘尸那城跋提河畔娑罗双树间，一日一夜说《大般涅槃经》毕，"即于是夜，右胁而卧，泊然大寂。"此像全长15.1米，头部长3.5米，塑造释迦右胁而卧，螺髻规整，面部丰满，神情安详，微含笑意，毫无凡人临终的痛苦和悲哀，相反却犹如欣慰、满意而入睡。这与壁画上弟子信徒们的悲痛形成强烈的对照，表现了"寂灭为乐"的思想境界。这是莫高窟彩塑艺术的代表作品。

64　第158窟　南壁涅槃变中　菩萨、弟子

图中是佛弟子大迦叶从伊筛梨山中奔赴拘尸那城郊与众弟子举哀的情形。着重刻划了阿难见迦叶来，投地啼哭，以及众弟子扶持举臂嚎啕悲不自胜的大迦叶。神态生动，造型夸张。上方一排菩萨。菩萨是"大觉有情"者，以超然出世的感情对待佛的涅槃，其沉静、虔诚的表情与弟子形成对比。

65　第158窟　北壁涅槃变中　各国王子

北壁壁画以各国王子为代表，突出地描绘了在俗的信徒因闻知释迦涅槃而极度悲痛。嚎啕悲泣而外，更有割耳、挖心、剖腹等种种痛不欲生的表现。各国王子中，除由侍女搀扶着的头戴冕旒、身穿大袖裙襦的汉族帝王外，并有吐蕃、突厥、回鹘等各族以及南亚的阿富汗、巴基斯坦、缅甸、南海的昆仑和中亚康居等国的王子。由画师精心绘制而成的各种服饰、肤色和人物形象，反映出唐朝民族关系的密切和国际交往的广泛。

66　第158窟　西壁涅槃变中　天王、天龙八部

释迦入涅槃时，四大天王与天龙八部均前往拘尸城悲哀供养。天王为帝释之外将，为东方持国天王提头赖吒、南方增长天王毗琉璃、西方广目天王毗留博叉、北方多闻天王毗沙门，各主一方，形象虽凶猛雄健，但都是护法善神。天龙八部为诸天、龙神、夜叉、乾闼婆、阿修罗、迦楼罗、紧那罗、摩睺罗迦。他们冠上多有龙、鸟、蟒等兽类的标志，表明原系"非人"而作"人"形前来，故曰"人非人"。图中为天王及八部众之一部分。冠上有龙者为龙神，戴蛇冠者为摩睺罗迦。神将中手托宝塔者当为北方多闻天王毗沙门。

67　第158窟　西壁涅槃变中　天龙八部

图为天龙八部众之一的迦楼罗，乃金翅鸟，两翅广三百三十六万里，住于须弥山下层四天下之大树上，常取龙为食。其前往拘尸那城供养佛涅槃时，即化现为头戴金翅鸟冠的勇猛武士形象。

68　第158窟　西壁涅槃变中　维摩诘

维摩诘为佛在世时毗耶离城之居士，自妙喜国化生于此，委身在俗，辅释迦之教化，为法身大士。图中维摩诘的形象大体与各窟维摩诘经变中相同，头裹软巾，白发苍

苍，须髯蓬松。作者以熟练的线描着力刻划这位老年居士在佛入涅槃时的悲痛心情。

69　第158窟　西壁涅槃变中　飞天

据《大般涅槃经·应尽还源品》，释迦入灭之际："于是时顷十方世界一切诸天，遍满虚空哀号悲叹……于上空中复雨无数天幢、天幡、天璎珞、天轩盖、天宝珠遍满虚空，变成宝台，四面珠璎七宝交络，光明华彩供养如来。"又《机感荼毗品》云："尔时帝释及诸天众，即持七宝大盖四柱宝台四面庄严，七宝璎珞垂虚空中覆佛圣棺，无数香花、幢幡、璎珞、音乐、微妙杂彩空中供养。"此飞天双手握七宝璎珞，从七宝大盖之间乘彩云急骤而下，飞向佛涅槃处。

70　第158窟　东壁北侧　金光明经变

据唐义净译《金光明最胜王经·序品》：释迦牟尼在王舍城耆阇崛山顶，与大苾刍众九万八千人俱，于是诸大声闻、菩萨摩诃萨百千万亿人、五亿八千梨车毗童子、四万二千天子、二万八千龙王、三万六千诸药叉众、四万九千揭路荼王及余健闼婆、阿修罗、紧那罗、摩睺罗迦等山林河海一切神仙，并诸大国所有王众、宫中妃后、净信男女、人天大众，各于晡时往诣佛所顶礼佛足，右绕三匝退坐一面。"如是等声闻菩萨人天大众，龙神八部既云集已，各个至心合掌恭敬，瞻仰尊容目未曾舍，欲闻殊胜妙法。"图中表现即如上场景，水榭楼阁，众天云集，七宝池中莲花盛开。这是莫高窟同一题材中场面最大、保存最好的一幅。

71　第158窟　东壁北侧金光明经变中　舞乐

佛在王舍城耆阇崛山顶的莲池水榭间为天人大众说法时，座前平台上的伎乐天双手握巾而舞，两旁有箜篌、横笛、竖笛、拍板、曲项琵琶等六人乐队伴奏。阶前美音鸟迦陵频伽两手举供养花起舞。

72　第158窟　东壁北侧　金光明经变（部分）

佛说金光明经时，诸菩萨恭敬听闻，图中可见菩萨于莲花座上胡跪合掌听法形象。听法会众中亦有不少作世俗装束，例如：图中梵天戴花冠略呈火焰状，穿大袖襦、白练长裙，与帝王服饰同，然有项光。梵天，即大梵天王，名尸弃，顶上结髻如火，在佛教中是所谓色界之初禅天。此天寂静清净，离淫欲。

73　第158窟　东壁南侧　天请问经变（部分）

此铺经变据唐玄奘译《天请问经》，主要描绘佛在室罗筏国，住誓多林给孤独园中，与天众答问说法的情景。此天双手合十，胡跪于佛供桌前的莲台上。其头光身光以云头纹、垂角纹组成规整的装饰图案，和以前流行的团花、卷草、火焰花纹迥然不同。

74　第158窟　东壁南侧　天请问经变（部分）

此为天请问经变右下角佛、菩萨一组。上有菩提宝盖，下有宝池、栏楯、阶道。佛身晕染已变色。周围听法萨菩虔诚供养，神形毕具。

75 第159窟 西壁

此窟前室西壁两侧画天王，甬道存西夏画。主室覆斗顶藻井缠枝茶花井心，四披画千佛。东壁画维摩诘经变。南壁东起画弥勒经变、观无量寿经变、法华经变。北壁东起画天请问经变、药师经变、华严经变。西壁开一盝顶帐形龛，龛内马蹄形佛床上塑一佛（已不存）二弟子二菩萨二天王。背光两侧龛壁屏风画共十条，北侧为十二大愿，南侧为九横死等，均为药师经变内容。龛顶画棋格团花，四披画跌坐佛、菩萨、化生。龛外两侧分别画文殊变和普贤变。龛下画供养比丘尼及女供养人。此窟系中唐代表窟之一，壁面布局十分典型，并具有较高艺术水平。龛下供养人墨书题名尚有数条可见。女供养人有"侄孙张氏十三娘"、"新妇河内郡……"，比丘尼有"侄尼灵修寺法律惠性"、"孙尼灵修寺法律贤胜"、"孙尼灵修寺尼灵真"等。表明此窟为敦煌世族张家所建。

76 第159窟 西壁北侧下部 五台山图

西壁北侧，文殊变下方的两条屏风画，绘五台山图。五台山亦名清凉山，在今山西省五台县境内，系文殊菩萨根本道场，峰峦连绵，寺院林立，为佛教圣地之一。初唐龙朔年间（公元661—663年）高宗遣沙门会颐前往五台山修理寺塔。会颐尝绘有五台山图奏上，此后五台山图得以流传。此窟屏风画左图为第一幅，画山脚下，有一四合院建筑，当中为正殿，两侧有楼阁对称相望；寺院外，山路崎岖难行，有一比丘打坐参禅，并有游山朝拜的人群往来。第二幅屏风画，山顶正上方圆光之中，可见文殊菩萨骑狮驾云而来，两侧圆光内有礼拜供养形象。其下，山中有宝塔数座，均有人跪于前。这是如今所知莫高窟最早的五台山图。由图上可见，当年前往五台山朝山拜谒文殊菩萨的胜景。

77 第159窟 西壁龛内南侧 菩萨、弟子

龛内彩塑青年弟子，内穿团花锦镶边绿绸衫及长裙，外罩田相纹袈裟，足踏僧履；双目微下视，双手相握于腹前，神态宁静而憨厚。彩塑菩萨，高1.39米，头梳高髻，发披两肩。上穿小花内衣，戴项饰，肩头搭着海石榴卷草纹帔子，下著团花罗裙。其姿态大体直立，颈项、腰肢、胯部仍稍有"S"形扭曲，但已较盛唐时期含蓄，更显自然。形体丰腴健美，衣饰图案绘制工细精致。锦绣罗绮满身，却又统一和谐，色调清雅。

78 第159窟 西壁龛内北侧 弟子、菩萨

与南侧相对，龛内北侧塑年长弟子，身着山水衲、绣花长裙，袒右肩，浓眉深目，双唇微启，有如一位颇有资历的高僧，正在持经默诵。北侧菩萨，高1.38米，梳高髻，戴宝冠，裸上身，斜披巾，束团花锦裙，赤双足，手

指丰柔有力，肤色莹白，身躯修长，亭亭玉立。锦裙的装饰亦堪称杰作，浓重的黑色为地，绣成富丽的团花图案，与上身裸露的白皙肌肤适成对比，给塑造的形象增添了魅力。

79 第159窟 西壁龛内北侧 菩萨（部分）

宁静的面部表情略带笑意，含蓄地表达出菩萨的和蔼可亲。肤色的莹白光润是施涂相粉的结果，迄今保持着特有的光泽。

80 第159窟 西壁南侧 普贤变

中唐以来，西壁龛外两侧分别画左右对称的文殊变和普贤变。文殊菩萨司一切如来之智慧，骑青狮侍佛之左方，普贤菩萨司理，乘白象侍佛之右方，他们是地位最高的两尊大菩萨。正如青狮象征修持佛法的勇猛精进那样，白象表示佛法之广大、威力无边。图中普贤手托盘花，半跏坐（游戏坐）于象背上，有一昆仑奴牵象，另一昆仑奴手扶供器顶于头上，眷属圣众围绕。人物形象和构图大致类似文殊变，同为此窟壁画之精品。画面上部与文殊变一样，都有山川景色的描绘。普贤变下方屏风画二条，绘普贤圣迹故事。其间的自然风光，应是试图表现普贤的道场四川峨眉山。

81 第159窟 西壁北侧 文殊变

文殊师利生于舍卫国，主智慧修持，地位崇高，被称为佛之师，佛灭后游行居止中国五台山（清凉山）常演说法，五台山遂成为信仰文殊之胜地。莫高窟壁画中，文殊形象最初出现在隋代的维摩诘变中，而文殊与普贤以相对位置出现则始于初唐，如第331窟龛外两侧壁面转折处，但画面小，内容简单。盛唐第172窟画于东壁门两侧，已略具规模，都以山水为背景。吐蕃统治时期，由于吐蕃统治者对文殊的信仰，曾派使者到中原唐王朝求取五台山图。这时期洞窟内文殊变多达二十余幅，不但画面增大，人物众多，而且大都画在正壁显要位置上。此图文殊手持利剑，结跏趺坐于狮背上，一昆仑奴牵狮，另一昆仑奴捧供器，周围眷属、天龙八部、帝释梵天护卫，又有描绘十分生动的天人奏乐等。下部屏风画为五台山图。

82 第159窟 南壁

中唐时期，敦煌壁画经变题材大大丰富了。此窟南北两壁均有经变画三铺。图中南壁自左至右第一铺为弥勒经变，第二铺为观无量寿经变，第三铺为法华经变。每铺经变画下方各有三条屏风画。弥勒经变下屏风画大部漫漶。仅能辨认出描写经中"女子五百岁行嫁"的内容。观无量寿经变下屏风三条画未生怨与十六观。法华经变内容最为丰富，中央画序品灵鹫山说法场面，周围环绕穿插各品故事画，下部屏风三条画随喜功德品、妙庄严王本事品和观世音菩萨普门品。壁画制作精细、谨严，构图、造型、线描、色彩皆甚精湛。

83　第159窟　南壁观无量寿经变中　舞乐（部分）

南壁中部观无量寿经变中，主尊座前两身舞乐菩萨，穿羽口衫、羽口裤，束羊肠百褶裙。双手握彩带，相对起舞，舞姿清新活泼、顺畅自然。尤其是长长的绸带，特别洒脱有力，使人物的动势倍增，渲染了舞姿的飘逸轻盈。

84　第159窟　南壁观无量寿经变中　舞乐（部分）

与上图舞乐一桥相连的另一组舞乐，画师别开生面地将平台上八身伎乐分为两队，相背而坐，分别为两侧小桥上翩翩起舞的舞者伴奏。所奏乐器东侧一排有曲颈琵琶、笙、排箫、拍板，西侧一排有筝、竖笛、筚篥、铜铙。

85　第159窟　南壁观无量寿经变中　乐队（部分）

这是第83图观无量寿经变中双人舞西侧的一组乐队，共六身，分两排。前排是弦乐，分别拨筚篥、奏阮咸、弹筝。后排是管乐，分别吹奏笙、排箫、竖笛。尽管壁画脱落很多，仍保存着原作的神采。乐队的排列组合形式亦很值得研究者加以注意。

86　第159窟　南壁弥勒经变中　供养菩萨

南壁东侧弥勒经变构图规整。上部画兜率天宫，为弥勒上生经变。中部及以下为弥勒下生经变。弥勒佛在龙华树下初会说法场面位居画面中央，大妙相、法花林二菩萨游戏坐胁侍两旁，比丘、护法、供养菩萨层层围绕。画面两下角画第二会和第三会。三会之间画剃度场面。图为初会中供养菩萨胡跪于弥勒佛前的供桌旁，双手捧花，虔诚恭敬地放入桌上的花盘。

87　第159窟　东壁北侧　维摩诘经变香积品（部分）

据《维摩诘经·香积品》，文殊菩萨率众诣维摩诘居士处问疾，坐谈问难良久，维摩诘知众弟子腹中饥饿，化一菩萨，遣往上界众香国，谒香积佛，求来香钵，满盛香饭，与上界九百万菩萨承佛神威及维摩诘力，须臾返至维摩诘舍。化菩萨以满钵香饭与维摩诘，饭香普熏毗耶离城及三千大千世界。图中即维摩诘所化之菩萨至文殊菩萨从众前，倾钵撒饭供食，以示"四海有竭，此饭无量"。

88　第159窟　东壁南侧　维摩诘经变

主要根据《维摩诘所说经·文殊问疾品》绘制而成，其中穿插诸品内容。毗耶离城中，居士长者维摩诘高坐宝帐，扶几持扇，仰面锁眉，面对着前来问疾的文殊师利菩萨，正在进行着激烈的辩论。上部为不思议品，维摩诘施展法力，由空中飞来三万二千狮子座，使随从文殊前来的佛弟子、天人圣众各个就座。又画了香积品，遣化菩萨往上界化来香饭，使与会听众各个得食。手捧钵饭携众菩萨乘彩云由城门飞入来至维摩诘帐前胡跪的，就是化菩萨。城门两侧有青松花树，城外是丛山峻岭，绿树成荫。图右上角画释梵天王于佛前供献七宝，乃菩萨行品。虚空绘一四方齐整的佛国，表示佛国品中释迦为宝积与五百长者子说佛国净土。另外，画面上空一朵祥云包裹着文殊、维摩

及诸会众，皆从城墙上维摩诘的手中而起，表现维摩诘用神通力将会众携往佛所谒见释迦。亦是佛国品的内容。城内还聚集着天王及僧俗，宝帐下吐蕃赞普率领各族王子前来听法，是方便品中的内容。宝帐下另一侧立一僧人与一女子，即观众生品中的舍利弗与天女。壁画构图平稳，人物形象各个生动，景物逼真，设色和谐统一。

89　第159窟　东壁南侧维摩诘经变中　菩萨

菩萨跪维摩诘居士帐前，双手合十，聆听差遣。

90　第159窟　东壁南侧下部　维摩诘经变弟子品（部分）

东壁南侧维摩诘经变下方屏风内容为弟子品。《维摩诘所说经·弟子品》用"如幻如电"、"如梦如焰"，来譬喻生命的短暂、眨眼即逝。画工为了表达这个意思，在屏风内画了两只在山野间飞驰而过的奔鹿。虽然表现的是抽象的道理，但画面形象，特别是野鹿快速奔跑的动态，以及通过晕染画出的动物皮毛质感，都反映出作者对生活的细致观察和熟练的表现技巧。

91　第159窟　东壁南侧维摩诘经变中　吐蕃赞普

这是上图《维摩诘经变》中前来赴会听法的吐蕃赞普供养图。中唐时期，吐蕃占领河西，统治了敦煌，因此维摩诘帐下各国王子赴会的场面就以吐蕃赞普的形象居于首领的地位。所绘赞普身形高大，气宇轩昂，有导引随从前呼后拥。其余各族王子，均以附属者的身份尾随于后。此图中吐蕃赞普戴缠头高冠，穿交领内衣，外套翻领长袖大衫，腰束皮带，佩短刀，右手擎香炉供养，形体丰硕矫健。随赞普出行，一人捧供物在前，二侍从引路，赞普身后一侍从高挑伞盖紧紧相随。后面三人，似为臣属，各执鲜花，缓缓行来。这是以现实生活为依据、具有现实主义意味的一幅历史人物画杰作。

92　第159窟　西壁龛顶　化生童子

盛唐晚期形成而中唐盛行的盝形龛顶，四披以美丽的图案边饰隔成方格，画跌坐佛（另一些洞窟画药师佛立像）。转角处的三角形空间则画供养菩萨或化生童子。图中裸体胡跪化生童子，手持花枝供养。飘带的造型很好地利用了这三角形的空间。

93　第159窟　西壁龛顶（部分）

龛顶以茶花、菱形等纹样边饰组成棋格，格内饰石绿、淡黄相间的五瓣团花，在赭红地色衬托下，龛顶像是悬挂着一朵朵盛开的鲜花，整洁、爽朗、明快。

94　第154窟　南壁　金光明经变

此窟覆斗顶藻井茶花井心，四披画千佛，中央各有说法图。西壁开一平顶敞口龛，龛内马蹄形佛床上仅存一彩塑菩萨。龛外存一彩塑天王。龛壁画六屏风。东壁南侧画金光明经变，北侧金刚经变。北壁东起画报恩经变、观无量寿经变。南壁上部东起画药师经变、金光明经变等。南

壁下部东起画弥勒经变、法华经变。

95　第154窟　南壁　弥勒经变（部分）

南壁东侧下部，画弥勒下生经变，这是其中第三法会佛东侧的一组天人圣众。端庄沉静的菩萨，与勇武粗犷的天王、力士形成对此。菩萨身上的朱红线条，是晚唐或稍后时代所重描。

96　第154窟　北壁　报恩经变（部分）

北壁东侧上部画报恩经变。经变的西侧条幅，上段绘论议品鹿母夫人故事。下段绘恶友品善事太子入海求宝故事。此处限于篇幅，只画了故事的结局部分，上下共有两个情节：一、善友从利师跋国返回波罗奈国后，与父王、母后见面，相抱共诉别后之情；二、善友太子供宝珠于柱台上，自己沐浴焚香、登高楼，拜祈宝珠显灵，宝珠遂变化无数财物普施群生。

97　第154窟　北壁报恩经变中　舞乐
98　第154窟　北壁报恩经变中　舞乐

北壁东侧上部报恩经变中的两侧，各有乐队坐平台上演奏，舞蹈者则立在连接平台的小桥上表演。在小桥上这样狭窄的地方表演气氛活跃、激动人心的舞蹈，当具有很大难度。乐队规模较大，共十六身，东侧一组主要为打击乐和弦乐。前排三人击羯鼓、长鼓。第二排四人拨箜篌、琵琶，吹横笛。最后一人执拍板。西侧一组多为管乐。前排三人吹笙、箫、排箫。第二排四人吹筚篥、横笛，执铃、拍板。

99　第154窟　南壁西侧　天王

南壁金光明经变西侧。有上下两组天王像和佛像。图为下面的一组。天王托塔，持戟，佩剑，悬吐蕃弯刀，着吐蕃武士常穿的长身甲，足踏彩云，榜题"毗沙门天王"。其身旁戴冠、顶红帕、穿长袍者为勃伽夷城瑞像。毗沙门天王为佛教四个守护神中的北方天王。据《大唐西域记》记载，毗沙门天王为于阗国护国神。勃伽夷城瑞像，据《大唐西域记》记载，于阗王从迦湿弥罗国迎请佛像到于阗，像至勃伽夷城则止而不行，莫能移动。于阗国王遂就地修建佛寺供养此像，同时，舍自己王冠、袍服予佛像。图中于阗勃伽夷城瑞像头戴王冠，身穿王服，脚踩宝山。此天王和瑞像同为于阗人所常供养，故同绘一处。于阗与敦煌邻近，当时同在吐蕃统治之下，因而一些传说和信仰在莫高窟多有反映。

100　第231窟　北壁　弥勒经变（部分）

此窟前室存宋画，底层露出中唐画天王等。主室覆斗顶藻井狮子卷莲井心，四周环绕伎乐天。四披画千佛，各披千佛中央画说法图一铺。东壁门上画供养人，门南、北分别画报恩经变、维摩诘经变。西壁开一盝顶帐形龛。龛内佛床上塑一佛二弟子，屏风八条均画本生故事。龛顶画棋格团花，四披画瑞像图。南壁东起画天请问经变、法华

经变、观无量寿经变，每铺之下各有屏风画四条。北壁东起画弥勒经变、华严经变、药师经变，布局与南壁对称。图为在弥勒经变的上部所绘兜率天宫形象，四合院形式的平面布局甚为清晰。

101　第231窟　东壁门上　供养人

中间榜题右为："亡妣君唐丹州长松府左果毅都尉改"，左为："亡慈妣唐敦煌录事孙索氏同心供养"。根据《沙州文录·大番故敦煌郡莫高窟阴处士公修功德记》，其中所载营建洞窟的位置、塑像、壁画内容与此窟完全一致，可知此像即敦煌郡处士阴嘉政的父母供养像。其父阴伯伦，是唐朝游击将军丹州长松府左果毅都尉；其母索氏为通海镇大将军之孙。并据《功德记》所谓"岁次己未"，可知此窟建于唐文宗开成四年（公元839年）。男像着盘领开衩长袍、穿靴，执香炉。女像头饰花钗，高髻，着染缬大袖裙襦，披罗巾，身后婢女作双童髻，着团花胡服。

102　第220窟　甬道南壁
103　第220窟　甬道南壁龛内　说法图

此窟始建于初唐贞观十六年，最后经西夏重新抹泥制壁重绘，1944年将窟内四壁进行剥离，始发现精美的初唐壁画及纪年题记。1975年在搬迁甬道重层壁画的尝试中，发现了此壁之画。正中龛内南壁画一佛二弟子二菩萨，为药师佛说法图一铺，华盖两侧各画一飞天，华盖顶塑金色珠一颗。东侧榜题："请（清）信佛弟子敬国清一心供养／大悲救苦观世音菩萨敬国"。西侧榜题："南无药师琉璃光佛观自在菩／萨眷属圣□□普二为先亡父母"。龛内东壁为一佛二菩萨，北侧榜题："释迦牟尼佛并二菩萨"；西壁为一倚坐佛二菩萨，榜题："造弥勒佛并二菩萨一躯"，下汉装女供养人一身，吐蕃装男供养人二身作胡跪状。龛外上部中央画一坐佛，华盖上影塑佛像已残，东侧画一戴冠禅定佛二立菩萨，西侧画一倚坐佛二游戏坐菩萨。龛外东侧供养人二身，其一作吐蕃装；西侧汉装女供养人一身，旁为五代归义军节度随军参谋翟奉达的墨书题记"检家谱"。根据供养人头戴红毡冠，身穿左衽袍的吐蕃服饰特点以及绘画风格，可知上述壁画大都为吐蕃统治敦煌时期的作品。龛下有晚唐画供养人及唐大中年题记。

104　第237窟　西壁龛顶西披　瑞像

此窟前室存西夏画，底层可见中唐画天王、比丘等。主室覆斗顶藻井三兔卷莲井心。四披画千佛，其中央各画多宝塔一铺。东壁画维摩诘经变。南壁东起画弥勒经变、观无量寿经变、法华经变。西壁开一盝顶帐形龛。龛内佛床上存清塑五身，画屏风十条。龛顶画棋格团花，四披画瑞像及佛教史述故事共四十一幅。北壁东起画天请问经变、药师经变、华严经变。这是龛内盝顶西披北数第五、六、七身瑞像。中间一身，形象奇特，双头四臂，脚下有两人胡跪供养，榜题："分身瑞像者乾陀逻国贫／者二人出钱画像其功致远一身两头"。乾陀逻，即犍陀罗。此像即犍陀罗迦腻色迦王窣堵波石阶南面所画分身佛像。传说画

工受钱为二贫士造像一躯，二人同来礼敬，像乃现神变，自胸以上分现两身。第五身瑞像榜题："于阗海眼寺释迦圣容"。

105 第237窟 北壁 药师经变（部分）

北壁中间一铺，与南壁观无量寿经变相对，为药师经变。图为经变的上部，作为法会的背景，是一组宫殿式建筑。正殿通向平台的是上下砌有踏步的双桥。后院的左右不是钟、鼓楼，而是圆形的重楼，楼中各坐菩萨一身。

106 第237窟 西壁龛顶南披 瑞像

图为龛顶南披西段。西数第一身为指日月像，右手上举指日，左手下垂，指月。第二身榜题："此牛头山像从耆阇崛山覆空而/来"。牛头山即瞿室㥄伽山。《大唐西域记》卷十二载于阗瞿室㥄伽山，"山峰两起，岩隒四绝，于崖谷间建一伽蓝，其中佛像时烛光明，昔如来曾至此处为诸天人略说法要，悬记此地当建国土，敬崇遗法，遵习大乘"。此与毗沙门天王决海同为于阗建国及佛教流布的故事。第三身榜题不明。第四身头戴菩萨冠，身着袈裟，佩项饰、臂钏，跣足立莲花上，榜题"于阗媲摩城中彫檀瑞像"。据传说此像为憍赏弥国邬陀衍那王所造，佛去世后其凌空来在于阗曷劳落迦城中，而此城人并不珍敬。有罗汉来礼像又遭冷遇，仅有一人见此情状密饭罗汉，罗汉告其人七天后此城当有雨沙土难。其人乃预作准备得脱此难，东趋媲摩城，其像亦自来至，即于此供养。

107 第237窟 北壁 天请问经变（部分）

这是北壁东侧天请问经变上部的一处四合庭院，在正方形院落之内，建筑了"品"字形平面布局的楼阁三座。正面和四周沿院墙建廊庑，四面正中皆开一大门，正面大门的两侧又各开一便门直通院内。四周墙外各植树一排。

108 第237窟 西壁龛顶北披 瑞像

图为西壁龛内盝顶北披。左起第一至三身内容均不详。第三身的榜题内容应属第四身，第四身的题榜则空白未书。第四身佛像，有项光、华盖，高肉髻，袒上身，双手捧钵于胸前，下着短裤。误写在第三身像侧的榜题为："酒泉郡释迦牟尼瑞像"，可知即酒泉郡呼蚕河瑞像。第五身为菩萨立像，头戴宝冠，四臂，两手举双日于头顶，一手提净瓶。其榜题在第六身像侧，作："天竺摩伽国救苦观世音/菩萨"。摩伽国即摩揭陀国，曾经流行很多有关观世音菩萨像的故事。第六身立佛像，形象、姿态、衣著、手势等，和南披与之相对的"佛在毗耶离巡城行化紫檀瑞像"相类似，唯榜题书作："于阗故城瑞像"。第六身以东画与于阗国建国有关的佛教史迹故事毗沙门天王决海。传说在迦叶佛时，有仙人曾来此国中，遭国人冷遇，触怒龙族，因而使此干燥之国成为大湖。释迦牟尼佛率众弟子来在此国，以光明覆照此湖，使其放出三百六十道光芒，预言此数为将来此国建造寺院之数，接着即便命其弟子舍利弗以其杖端、毗沙门天王以其锐枪突刺此湖，湖水

干涸，于此建国城。此图始见于中唐，画在龛内盝顶斜披或甬道顶上。画中的榜题："于阗国舍利弗毗沙门天王决海时"。

109 第237窟 西壁龛顶东披 瑞像

西壁龛顶东披北端画尼婆罗水火池故事，画一人戴幞头着长袍立于岸边，水中飘浮一柜状物，火焰熊熊，榜题"业力自远牵将来业力自近/牵将去非山非海非石中 无 有 □/诸不受者"。此图右侧画一菩萨，在金刚座上结跏趺坐，榜题已漫漶。据第98窟同样画面榜题可知是中天竺尼婆罗阿耆波弥水火池故事。水中为弥勒头冠柜，若有人来取则水中火出。第二身瑞像（第三格）为一趺坐菩萨，内容不明。第三身为一趺坐菩萨，双手托日、月，榜题"弥勒菩萨随释迦来漠城"。第四身为一趺坐佛说法像，须弥座前有一莲花形法轮，其后侧榜题"中天竺波罗奈国鹿野院中瑞像"。鹿野苑是释迦成道后初次说法的地方，在鹿野苑伽蓝中有精舍，其中有等如来真身转法轮像，与此图正相符合。第五身为倚坐佛像，其右侧，即上图鹿野苑转法轮像左侧有榜题"张掖郡佛影像月支王时现"。第六身为立佛像，其右侧榜题"盘和都督府仰容山番禾县北圣容瑞像"。番禾县在今甘肃省永昌县境内。北魏时曾有行化河西的高僧刘萨诃至此预言当有像出现，后于北周时果有瑞应，保定年间（公元561—565年）为此像置瑞像寺，隋炀帝西巡时亲礼此像，更名感通寺。第七身为倚坐弥勒佛像，双手作施无畏印、与愿印；榜题"天竺国白银弥勒瑞像"，书在仰容山瑞像的左侧。第八身为趺坐佛说法像，其左侧榜题"摩竭国须弥座释迦并菩萨/萨瑞像"。第九身为趺坐菩萨，执金刚杵，题榜未书，当即第八身侧所题"银菩萨"。《大唐西域记》卷八载，摩伽陀国菩提树垣东有精舍，高百六、七十尺，层龛皆有金像；门外左右各有龛室，左侧观自在菩萨，右侧弥勒菩萨，皆白银铸成，高十余尺。以上第七、八、九三身即此菩提树垣东瑞像，中为金佛像，其左侧"银菩萨"即观自在菩萨，右侧为弥勒。第十身为倚坐菩萨像，双手似作拍掌印，榜题"虚空藏菩萨于西玉河萨迦耶/偄寺住瑞像"，为于阗又一瑞像。第十一身为一趺坐菩萨，头顶有化佛，榜题："中天竺摩伽陀国放光瑞像"，可知为摩迦陀国菩提树垣西大精舍中之输石放光瑞像。

110 第238窟 西壁龛内南侧（部分）

此窟前室、甬道残存中唐画千佛、天王、观音、文殊等。主室覆斗顶藻井盘龙团花井心，四披画千佛。东壁门上画供养人，门南画报父母恩重经变，门北已熏毁。南壁东起画报恩经变、观无量寿经变。北壁东起画弥勒经变、药师经变。西壁开一盝顶帐形龛。龛内屏风画九条，南壁画转轮圣王、善友太子入海，西壁画善友太子入海、山水和菩萨苦行，北壁画菩萨苦行、禅定故事。龛顶画棋格团花，四披各画药师佛立像三、五身，两端供养菩萨各二身。龛外两侧分别画文殊变、普贤变。龛内西壁南侧屏风画善友太子入海故事。故事内容同见于《贤愚经》（善事

太子入海品)和《报恩经》(恶友品)等。图为善友(善事)太子被恶友刺瞎双目后,得牛王与牧人救护的情节。上部画善友失明后,孤独一人坐于道中。下部是牧人驱五百牛随逐水草。牛王恐牛群践踏善友,以四足骑跨善友身上保护,并舐出眼中竹刺。此图以山水为背景,群牛形象真实、生动。这是由于画师对事物的观察深入细致,从而掌握了高超的写实技巧。

111 第238窟 西壁龛顶西披 供养菩萨

盝形龛顶四角利用三角形空间绘制供养菩萨。菩萨的造型与三角形画面十分相宜,颇有意境。

112 第321窟 东壁北侧 维摩诘经变(部分)

覆斗形窟顶藻井画狮子莲花井心,西披画赴会佛,余三披画千佛、说法图,东壁画维摩诘经变,南壁画金刚经变、阿弥陀经变,北壁画弥勒经变、药师经变,西壁开一盝顶帐形龛,龛内存清塑,画屏风。龛顶四披画跌坐佛、立佛、化生。龛外两侧画文殊变、普贤变。东壁北侧维摩诘经变文殊宝盖左上画毗耶离城的城墙角楼。六角形木构角楼,台基坐落在城墙之上,楼顶六条垂脊向上攒尖,尖端雕饰宝莲。观其外貌颇似单层木塔,只少塔刹相轮。

113 第468窟 北壁西侧 十二大愿(部分)

主室覆斗顶,藻井三兔莲花井心,四披画法华经变。东壁画说法图等。南壁画观无量寿经变。北壁画药师经变。西壁开一盝顶帐形龛,龛内存彩塑一菩萨二弟子、屏风画十二大愿。龛顶画棋格团花,四披画跌坐佛、化生。龛外两侧画文殊变、普贤变,龛下画供养人。图为北壁药师经变西侧竖条幅画的下段。据《药师琉璃光如来本愿功德经》:"彼世尊药师琉璃如来本行菩萨道时,发十二大愿,令诸有情所求皆得"。图中是十二大愿中之第十一愿。画中院内有佛殿,中居佛、菩萨。廊庑内坐数僧人。院内案上摆设食物,数人捧盘来往送食,表示愿诸饥渴众生皆待无上美食。其下为燃灯供佛,画佛寺前有一座四层灯台,两人在灯台前,一人作点灯状,另两人正向灯台走来。

114 第468窟 西壁北侧上部 飞天

西壁龛外两侧上部各画一飞天。图中飞天双手捧花,动态轻松、自如,是吐蕃占领期间所绘飞天中的优秀之作。

115 第468窟 西壁龛下 女供养人

西壁龛下画男女供养人共十一身,图为北侧的四身女像。二身女供养人像均着汉装。二身侍婢着吐蕃式团花长袍。

116 第468窟 西壁北侧 文殊变(部分)

在莫高窟的文殊变中,一般均有乐队一组,但此图仅有一人演奏琵琶。画面的下部居主要地位的是帝释天及侍女。侍女年幼稚气的形象,表现得颇为成功。

117 第361窟 窟室内景

此窟主室覆斗顶,藻井交杵莲花井心,西披画赴会佛十一铺,余三披画千佛、说法图、飞天。东壁门上画多宝塔。门南画千手千钵文殊、不空羂索观音。门北画十一面观音,以下残毁。南壁东起画金刚经变、阿弥陀经变。北壁东起画弥勒经变、药师经变。西壁开一双层口盝顶帐形龛,龛内塑像已尽残毁,仅存马蹄形佛床及屏风画。内层龛口外北侧画文殊显现与五台山道场,南侧画普贤显现与峨眉山道场。龛顶画雁衔璎珞棋格团花图案,四披画千佛。龛下壸门内画伎乐。

118 第361窟 北壁 弥勒经变(部分)

此图是北壁东侧弥勒经变中的西下部。画面上部庭院中华丽栏杆以内的部分,自左至右共四个情节,如:1.弥勒的母亲梵摩越梦日入怀;2.树下诞生,小弥勒从母亲梵摩越的右胁下降生;3.弥勒降生后,受九龙灌顶;4.弥勒自幼步步生莲。以东画众婆罗门拆幢,此处只见一部分。画面下部西端有一城名难头城,城门外弥勒佛为众生说法,有伎乐三人为之伴奏。城门外的一隅,画一罗刹鬼正在清扫。鸡头城的上空,有一龙降雨,润泽环境。弥勒佛身后,菩萨和比丘跟随着,一同往鸡头城去。东端画一种七收,为一农夫使用二牛抬杠耕地场面。以上关于弥勒下生的传记故事,与释迦传大同小异。

119 第361窟 东壁南侧 千手钵文殊

东壁南侧上部此图系密宗题材,依据《大乘瑜伽金刚性海曼殊室利千臂千钵大教王经》绘制。释迦牟尼在摩醯首罗天宫殿中,与毗卢遮那佛于金刚性海莲花藏会,同说《大乘瑜伽金刚性海曼殊室利千臂千钵大教王经》。与会听法的有无量大梵天王和微尘数一切菩萨众。释迦说,在毗卢遮那如来法界性海秘金刚界莲花台藏世界海中,有大圣文殊师利菩萨,现金色身,身上出千臂千钵,钵中显现出千释迦,千释迦又现出千百亿释迦……,即此图所见形象。此图下部画海中屹立须弥山,山腰盘绕两条人身龙尾的怪兽,这是难陀、跋难陀二龙王。海中还立着阿修罗王及夜叉等。经变上端两角,画两圆形物,为日、月二天。左边圆形内绘乘五马的日天,右边圆形内绘乘五鹅的月天。

120 第361窟 西壁龛顶

这是龛内盝形顶的装饰。在边饰组成的方格内,又以边饰组成八方八角形。八角形中饰雁纹联珠团花图案,造型美丽,色调清新,可能是当时受波斯艺术影响而创作的新纹样。

121 第360窟 窟顶藻井

主室覆斗顶,藻井井心为一朵卷瓣莲,莲心绘迦陵频伽,迦陵频伽,又名美音鸟、妙音鸟,人首鸟身,发声微妙，其音和雅。图中头戴宝冠，怀抱琵琶，足踏彩云，展翅飞翔，象征着天国的快乐、幸福与洁净。四周边饰纹样有团花、云头纹、回纹、菱形纹、茶花卷草、垂角纹及采铃幔帷。西披画千佛、释迦说法兰若。余三披各画千佛、多宝塔。东壁画维摩诘经变。南壁画弥勒经变、观无量寿经变、释迦曼荼罗。北壁画天请问经变、药师经变、千手千钵文殊。西壁开一盝顶帐形龛。龛内画屏风画，存清塑三身。龛顶四披共画坐佛十六身及菩萨化生。龛外两侧画普贤变、文殊变。

122　第360窟　东壁门上　维摩诘经变佛国品

图中主尊头顶有巨大的圆形宝盖，盖顶画山水景物。两侧又各有四名僧人，各举一宝盖侍立，显然是表示在佛为宝积、五百长者子说"佛国净土"之先，各以七宝盖供养佛。

123　第360窟　北壁　药师经变（部分）

北壁药师经变上部，绘有一组木构建筑庭院。前后两院，以廊庑相隔，中置二门相互通联。前院正中建佛堂三间，顶起塔刹，刹尖饰仰月宝珠，下置相轮四层，顶轮以链垂系四檐角，上挂彩铃。佛堂平座的四周围以栏杆，前有木桥两座，桥面微拱起；佛堂前方两侧各建歇山顶楼阁一座，脊上饰宝珠、鸱尾。楼檐上皆挂彩绘卷帘。后院正中为起脊的歇山顶大殿，两侧各建六角形重楼，东侧是钟楼，西侧或为经楼。树木青葱，宏伟壮观。

124　第360窟　东壁南侧门下部　维摩诘经变方便品

方便品，历数维摩诘的种种事迹。"游诸四衢，饶益众生，入治正法，救护一切……入诸酒肆，能立其志，若在长者，长者中尊，为说胜法"。图中上部即描写酒肆中一边宴饮、一边欣赏舞蹈的场面。正下部是维摩诘对僧徒、长者、长者子、居士说法和劝戒。

晚　唐

（公元848—907年）

125　第16窟　甬道北壁　第17窟（藏经洞）入口

此窟即著名的藏经洞，发现于1900年。窟门开在第16窟甬道的北壁，地面比第16窟高出1米。窟室平面约2.76米见方，高约3米，覆斗形顶，坐北朝南。北壁下凿成禅床式低坛，坛上彩塑高僧洪䛒坐像。坛西向面画双履，南向面画衔花双鹿。北壁画双树，西侧树下画近事女，东侧树下画比丘尼，西壁嵌唐大中五年（公元851年）洪䛒告身敕牒碑，余壁面皆无绘饰。图为窟外第16窟甬道情景。第16窟原为晚唐所建，系背屏式大窟，甬道宽而长。图中所见甬道北壁宋代重绘菩萨五身，执花或执供器供养佛，菩萨行列上方画说法图十一铺。

126　第17窟　北壁坛上　高僧像

彩塑高僧像，高0.94米，身着田相袈裟，通肩裹体，

结跏趺坐，作禅修状，造型写实，神态严肃庄重。此像曾被移至第362窟。塑像背部发现一骨灰袋，故知是真容塑像。经考证，确定是高僧洪䛒像。洪䛒是吐蕃以及张议潮统治时期在河西享有崇高地位的僧人。吐蕃时期充沙州释门都法律兼摄行教授。大中五年（公元851年）唐王朝敕封他为京城内外临坛供奉大德兼河西释门都僧统知沙州僧政法律三学教主，并赐紫衣。这由西壁的洪䛒告身敕牒碑作了详细的记载。

127　第17窟　北壁西侧　近事女

近事女，是在家而受五戒的女子，又称优婆夷。画在洪䛒塑像的右侧，应是特来寺院侍奉高僧的。北壁西侧，画一树，枝上挂一挎袋。两只小鸟从树上飞起。近事女立于树下，头梳双髻，穿圆领缺胯长衫，腰束带，右手执杖。装束是晚唐女子流行的样式，脸型一如唐人好尚的丰腴型。虽然面部表情算不上很生动，但显示匠师的线描和设色技巧已达到极高的水平。衣褶的晕染，以及树叶正背面的不同颜色，使画面显得层次丰富，空间感较强，整体效果相当生动，画面保存亦很好。

128　第17窟　北壁东侧　比丘尼（部分）

北壁东侧树上挂一净水瓶。比丘尼双手持团扇侍立于树下，身着袈裟，团扇饰双凤图案。树上飞着一对绶带鸟。壁画保存情况不如西侧。

129　第17窟　北壁坛下　双鹿

鹿，在佛教中含有吉祥的意思。在洪䛒禅床（坛）的正面西侧壸门内，画双鹿口衔荷花枝，昂首仰望，像是朝着禅床上的高僧专心供奉。

130　第220窟　甬道南壁龛下　供养人

此窟为初唐翟思远所开，翟家子孙后代不断在此窟增饰。晚唐时期，又于甬道南壁龛下再画翟家的男女供养人像。当中画一白描立佛和比丘。东侧三身女供养人，高髻、大袖长袍披巾。西侧画二比丘，执香炉或托花盘；后随二男供养人，所戴幞头为晚唐出现的硬角幞头。中间墨书题记"大中十一年六月三日信士男力一心供养／并亡母造窟一所并卢那□□"。

131　第156窟　南壁

此窟为晚唐所建最重要洞窟之一。前室西壁门上画七佛，门两侧和南、北壁画四大天王，北壁并保存有著名的墨书《莫高窟记》。前室顶画降魔变、父母恩重经变、法华经变。主室覆斗顶，藻井卷莲井心，四披分别画弥勒经变、法华经变、楞伽经变、华严经变。东壁南侧画金光明经变，北侧画维摩诘经变。西壁开一盝顶帐形龛，龛内塑像残，画屏风十二条。龛顶画密宗菩萨像。龛外两侧画文殊变、普贤变。南北两壁上部画经变，下部分别画张议潮出行图和宋国夫人出行图，并延展到东壁。南壁上部经变画，左起为金刚经变、阿弥陀经变、思益梵天问经变，下

绘归义军节度使张议潮统军出行图。张议潮于公元858年在沙州率众起义，使河西一带脱离吐蕃统治，因而受唐朝敕封为归义军节度使，统领瓜、沙、伊、西十一州。这幅横卷式出行图以全长八米余、图绘百余人马的宏大规模，画成了歌颂现实人物的历史图卷，在敦煌壁画中是前所未见的杰作。

132　第156窟　北壁

北壁上部经变画，左起为报恩经变、药师经变、天请问经变，下部绘张议潮夫人、敕封宋国河内郡夫人宋氏出行图，与对面的张议潮出行图规模相等，但所展示的社会生活画面更其丰富，表现了一位封建贵妇出游的奢侈豪华场面。

133　第156窟　南壁、东壁南侧下部　张议潮出行图
135　第156窟　南壁下部　张议潮出行图（部分）
136　第156窟　南壁下部　张议潮出行图（部分）

长卷式的构图由南壁西端起。首先是以军乐和歌舞为前导的仪仗队，旌旗招展、鼓乐喧天，使乘胜前进的大军一开头就显得威武雄壮。仪仗的后面有捧持旌节象征权柄的军将。张议潮穿红袍、骑白马，已行至桥头，前后有将士护卫。小桥上方，有榜题"河西十一州节度使张议潮□除吐蕃收复河西一行图"。后随子弟兵。有榜题"子弟军"。最后，转入东壁南侧，为辎重和行猎部分。

134　第156窟　北壁、东壁下部　宋国夫人出行图
137　第156窟　北壁下部　宋国夫人出行图（部分）
138　第156窟　北壁下部　宋国夫人出行图（部分）

画面由北壁西端起，以歌舞百戏为前导。百戏有精采的载竿表演。一力士顶竿，伸出两手平衡身体。竿上二童子演出惊险动作。四人婆娑起舞，乐队六人伴奏。舞乐上方榜题"音乐"二字。紧接是夫人及随从们的辇、肩舆、马车等，并有骑马使者往来传讯。夫人骑马像画在北壁的东侧，位于车队之后，前有导引，后有护卫，榜题"宋国河内郡夫人宋氏出行图"。最后转入东壁北侧，与南侧一致，亦为辎重、狩猎。

139　第156窟　窟顶西披　弥勒经变

根据《佛说弥勒下生成佛经》绘成，内容较为完备。图中以说法为中心，下部中间为穰佉王剃度、婆罗门拆宝幢等情节。下部左右为弥勒二会、三会。上部画弥勒菩萨住兜率天宫。两侧画翅头末城"时事安乐"诸情节。各种生活场面和民间习俗都画得颇为真实。

140　第156窟　南壁思益梵天问经变中　舞乐

南壁西侧思益梵天问经变中，在两组乐队中间，二人对舞，其中一人拍击腰鼓而舞，另一人更施展了背弹琵琶的绝技。

141　第156窟　西壁北侧　文殊变（部分）

图中的昆仑奴，双脚摆好了用力的姿势，双手曳缰绳，正咬紧牙关奋力驾驭文殊菩萨的坐骑——青狮。人物比例适当，动态合乎解剖学的规律，因而使人感到生动、自然。

142　第161窟　窟顶南披（部分）
143　第161窟　窟顶东披（部分）
144　第161窟　窟顶西披（部分）
145　第161窟　窟顶藻井

此窟主室均绘密宗图像。东壁门上画珞珈山观音一铺，门南、北画听法菩萨十二组。南、西、北壁分别画文殊变、观音经变、普贤变，各环绕听法供养菩萨二十八组。窟室中央设中心佛坛。覆斗顶藻井画千手眼观音一铺，四周画伎乐天十六身。四披各画观音一铺，环绕听法菩萨十组。整个覆斗形窟顶装饰很有特色。持诸法器的千手眼观音画在藻井的中央方井，实非易事。无数听法菩萨密密匝匝满布四披，似比通常所见的千佛装饰效果更强，气氛十分热烈。上空翱翔的伎乐飞天，形象活泼、飘逸，在晚唐洞窟里，是不可多得的飞天佳作。窟内彩绘多已变色，成为黑色或深浅不同的灰色，唯有石绿和部分赭红保持原色，在大片的灰色调中到处闪现，别有一种神秘的气氛。

146　第85窟　窟顶藻井

此窟前室存元画，甬道两壁晚唐画供养人等。甬道顶画千佛，两斜披画瑞像图。东壁门上画萨埵本生，门两侧分别画金光明经变和维摩诘经变。南壁画报恩经变、阿弥陀经变、金刚经变。北壁画密严经变、药师经变、思益梵天问经变。因此窟平面南北略长，故覆斗顶中央藻井也略显长方，井心饰卧狮、云纹、莲花。四周边饰绘回纹、菱形、灵鸟卷草及垂角、璎珞流苏垂幔。外周画飞天。东南西北四披分别画楞伽、法华、弥勒、华严经变。

147　第85窟　南壁　报恩经变

报恩经变位于南壁东侧，以序品法会为中心，上有榜题"报恩经变"。下部正中画序品婆罗门子孝养等故事，左侧画恶友品善友太子入海故事，右侧画孝养品须阇提太子故事，左上角画亲近品金毛狮子坚誓故事，右上角画论议品鹿母夫人故事。

148　第85窟　南壁报恩经变中　恶友品（部分）

报恩经变左下恶友品中的一个情节，述善友太子被恶友刺瞎双目，流落在利师跋国为守园人。因在园中弹琴自娱，遇利师跋王女，终于情投意合结为夫妇。此图将二人置于绿树浓荫的幽静环境中对坐，倾心交谈，抚琴而歌；画面简洁，情景相宜，是一幅富有诗意的抒情小品。

149　第85窟　南壁报恩经变中　序品（部分）

说法会下方，画阿难清晨入王舍城托钵求食，见一婆罗门子背负其母沿街乞食，若遇美食孝养其母，若遇恶食则自食之。阿难于是谒赞此人。其时婆罗门外道（图中持杖者）当面奚落阿难，诬释迦为不知恩养的恶人。阿难还告释迦，求说《报恩经》。

150　第85窟　北壁　药师经变

北壁三铺经变中间的一铺药师经变，将殿堂、楼阁、回廊、平台、水池组成一个完整的构图，其间布设约一百一十多个佛、菩萨、弟子、神将、天人，紧凑、严密、周详，装饰性很强，具备晚唐经变画的特点。

151　第85窟　东壁门上　萨埵太子本生

萨埵太子舍身饲虎，是早期敦煌壁画中常见的题材之一。此图将全部画面置于群山起伏的广阔视野中。故事情节大体按先后顺序一一组织在自下而上呈 "S" 形蜿蜒曲折的山道上。与早期迥然不同的是采取平铺直叙的手法，没有强调事件的高潮和戏剧性的描写，使人感到，早期的激情减退了，代之以宁静而含蓄的抒情气氛。

152　第85窟　北壁　思益梵天问经变

北壁东侧思益梵天问经变，图中榜题 "思益经变"。经变画的内容到了晚唐逐渐达到十余种之多，其中许多哲理玄奥的佛教经典，由于缺乏形象化的故事情节，绘制经变壁画相当困难，于是借助题榜抄写经文来加以说明就成了必要的手段。这幅经变在以巍峨宫殿为背景的大型说法会的下方画了为数众多的小说法会。各说法场面大同小异，其不同的含意，几乎完全靠榜题来说明。

153　第85窟　北壁思益梵天问经变中　舞乐

乐队排列在思益经变说法会前，有琵琶、箜篌、笙、法螺、凤首箜篌、羯鼓、拍扳、鼗鼓、筚篥、铜钹、筝等十余种乐器，舞蹈者手握长巾在长长的地毯上翻跹起舞。

154　第85窟　窟顶南披　法华经变

这铺画在窟顶斜披上规模较大的法华经变，在灵鹫山法华会场面的周围，绘序品、譬喻品、从地涌出品，见宝塔品、化城喻品、信解品、安乐行品和观音普门品等共九品。画面以青、绿、赭红为主调，色彩协调，是规模较大的法华经变之一。

155　第85窟　窟顶东披楞伽经变中　尸毗王本生

图中为在楞伽法会上所追述的尸毗王本生故事，画在窟顶东披楞伽经变的南下角。画面上除了人物形象、服饰已全然汉化之外，还可感到没有早期同一题材中的悲剧气氛，作者仿佛只是客观而冷静地罗列故事的情节，并对人物的外貌及精神气质较多地作世俗的理解。图中称量的形式不同以往，应是研究古代度量衡的形象资料。

156　第85窟　窟顶东披　楞伽经变

《楞伽经》主要叙述释迦牟尼在楞伽大城的一次说法会，经文通篇阐发理论。此图将释迦从龙宫出来，被楞

伽大城主人罗婆那王请入城中说法的情节。作为经变的主要部分放在画面构图的中心地位。画面两侧根据经文画成大小不等的说法图，借助榜题文字加以说明。此外，作者极力收集经文中出现的譬喻形象，诸如屠夫、猎户、陶工、百戏等，使本来欠活泼的图画，多少增添了生气。

157　第85窟　窟顶东披　楞伽经变（部分）

图为楞伽经变的南侧，其中除各种各样的说法场面外，还画有生动的屠户形象：屠房里，屠夫立肉案旁正在剔骨，室内挂满鲜肉，两只饿狗在案旁守候，画面富有生活气息。屠房上方还画有猎师们持械携鹰犬出发打猎的情景。屠户和猎师形象在《楞伽经》中出现，都是为了告诫人们：为求利故而鬻卖肉类，"如是杂秽，云何食之！"（《大乘入楞伽经·断肉食品》）

158　第12窟　南壁　观无量寿经变

此窟前室西壁两侧画南方天王、北方天王，南、北壁画赴会菩萨，窟顶残存千佛。甬道存宋画供养人。主室覆斗顶藻井狮子莲花井心，四周围绕飞天。四披画千佛，中间各有说法图一铺。东壁门上画供养人，门北侧画维摩诘经变，南侧画报恩经变。南壁东起画弥勒、观无量寿、法华经变，下为诸品屏风画。北壁画天请问、药师、华严经变。西壁开一盝顶帐形龛，龛内佛床上塑一佛二弟子四菩萨二天王。龛外两侧画文殊变、普贤变。龛下画供养人。古印度摩竭陀国王频婆娑罗之妻子韦提希夫人愿生西方极乐世界，兼欲未来世之众生往生，请释迦说其所修之法。佛应其请而临王宫，分十六观而说观、想阿弥陀佛之身相及净土之相。观无量寿经变的主体即阿弥陀净土变相。此图位于南壁居中，画幅纵长、场面盛大，灵活运用散点和焦点透视，远近层次分明，错落有致，有宽阔纵深之感。其下部壁面屏风画三条为未生怨与十六观。

159　第12窟　北壁　药师经变

榜题 "东方药师净土变"。传说释迦牟尼游行人间，至毗舍离国（即今印度恒河北岸，干达克河东岸，古代一大城）乐音树下，给诸菩萨、弟子、婆罗门、居士、国王大臣、天龙八部等众说药师琉璃光如来本愿经。图中法会场面与对面南壁上的阿弥陀净土相似，遥相对称，所不同的是前部平台上在座听法的还有十二药叉大将。他们听释迦说法后，皆同时表示皈依、护持佛法，从今不再有恶道之怖。图中十二药叉均戴宝冠，着盔甲，双手合十，作为佛的护法神，已不复有丑恶狰狞之态。

160　第12窟　东壁门上　供养人

画像中间榜题 "窟主沙州释门都法律和尚金光明寺僧索义……"。据《沙州文录·沙州释门索法律窟铭》和敦煌石窟遗书S.530、P.4640，可知窟主全名为 "索义䛒"。但画像并非索义䛒本人，而应是其祖父母。祖父索奉珍的身份最与画面形象相符。再据藏经洞同时出土之索法律邈真赞，知索义䛒卒年为咸通十一年（公元870年）。

建造此窟大约在此稍前，建成不久窟主即因病去世。

161　第12窟　南壁下部　弥勒经变（部分）

南壁东侧弥勒经变下屏风中画《弥勒下生成佛经》所述弥勒净土诸事。图为女子五百岁始婚嫁的内容。作者借这一题材如实描绘世俗的婚礼场面。婚姻，这一现实生活中为人们所关注而饶有兴味的画题，在敦煌壁画弥勒下生经变中被匠师反复描摹，虽有一定的粉本和规范，但仍然表现得风格多样、丰富多采。

162　第12窟　前室西壁北侧　天王

图为北方天王毗沙门，头戴宝冠，全身披甲，右手持兵仗，左手托宝塔，体魄雄健，威风凛凛。

163　第18窟　西壁龛内南侧　天王

此窟覆斗顶藻井画迦陵频伽、卷瓣莲花井心，四周环绕飞天。四披画千佛，中间各有说法图一铺。东壁门上画供养人，两侧画维摩诘经变。南壁画观无量寿、弥勒经变。北壁画药师、金刚经变。西壁开一盝顶帐形龛，龛内塑像跌坐佛、阿难、天王经元代重修。龛内三壁屏风画十条画观音经变。龛顶画说法图，四披画跌坐佛、菩萨。龛外两侧画文殊变、普贤变。作为佛教护法神的天王，"威棱赫奕精奇异，身穿金甲曜云天"，"天王怒目暂回眸，一鬼迷闷而辟地"。龛内南侧天王，征衣锦绣，戴盔披甲，足踏小鬼，昂首作瞋怒相；保存完整，虽经后代装修，未失原作精神，是晚唐不可多得的彩塑天王。

164　第18窟　南壁观无量寿经变中　舞乐

南壁西侧画观无量寿经变，下部屏风画为未生怨与十六观，上部以大幅构图画西方净土。"彼佛国土，常作天乐"，舞乐场面在西方净土图中占有重要的地位，一般画在主尊的跟前，通过精心描绘，极力渲染佛国世界的欢乐。乐队共八人，分坐两侧，东侧弄拍板、弹阮咸、摇鼗鼓、吹笙，西侧抱琵琶、弹筝、吹箫、排箫。莫高窟唐代壁画中的舞乐图，表现得多姿多采，这是唐代社会文化与艺术高度发展的反映。壁画记录了当时美妙动人的乐舞场面，保存至今。此图中的乐队是有关唐代"坐部伎"的形象资料。

165　第18窟　东壁南侧　维摩诘经变（部分）

壁画已斑驳脱落，但仍可看出十六身人物的大体形象。前二人是捧供器的侍者，后面是各族王子的行列，他们都是前来倾听维摩诘与文殊辩难的会众。人物形象写实、健康，肌肤的颜色都是留出最初抹壁泥土的原色。

166　第20窟　东壁门上　供养人

此窟覆斗藻井顶。西壁开一盝顶帐形龛，内存清塑，龛外两侧绘文殊变、普贤变。南壁画观无量寿、报恩经变，北壁画药师、弥勒经变。东壁南北两侧画如意轮、不空羂索观音。门上画供养人像，男女二人对坐，各执香炉供养，身后分别侍立执扇童子、婢女。

167　第14窟　北壁前部

168　第14窟　北壁　如意轮观音

此窟主室前部覆斗形顶，后部有中心方柱通连窟顶。方柱东向面开一盝顶帐形龛，龛内存清塑，壁画佛弟子十二身。龛顶画棋格团花，四披各画坐佛三身或九身、童子一身。东壁门上画释迦多宝佛一铺，门北画文殊变，门南画普贤变。南壁东起画千手眼观音、不空羂索观音、十一面观音、金刚杵观音各一铺，下部壁面画菩萨、比丘共十六身。西壁画千佛，下菩萨、比丘十一身。北壁西起画金刚杵观音、观音经变、如意轮观音、千手钵文殊各一铺，下画菩萨、比丘十六身。北壁金刚杵观音坐于中部莲座上，手握金刚杵，身后有头光、背光、靠屏，靠屏上的柱子直通华盖。华盖由石绿色的菩提树叶围绕装饰。菩提树叶画成葵花叶形。众菩萨、天人献花、献果、舞蹈、奏乐。供养护法金刚分坐两侧。密宗观音经变中观世音菩萨作说法相，坐于莲花中，莲花下面有一绿色水池，其下画观音救济诸难，如：行船遇盗、遇罗刹、遇火坑、监狱、雷电等。两侧画三十二现身。如意轮观音，头微倾，六臂，左手执轮，坐于莲花中，莲花下水池中有二菩萨侍立供养。上方有华盖，华盖下有三跌坐佛。四天王和金刚护法以及婆薮仙、吉祥天居于四隅，诸菩萨、声闻围绕听法。千手千钵文殊，千手托千钵，钵内还出千佛，形成一圆轮形状。文殊头顶有华盖，两侧有飞天。诸菩萨、眷属、护法神分布两侧，莲座下有须弥山，难陀、跋难陀二龙王交缠盘绕于山腰。龙王身前各有日、月。山下是海，二阿修罗王手擎日、月与侍者夜叉立于海中。四铺密宗变相均保存完整。经变以下屏风画内有观音、大势至、地藏、舍利弗、普贤、文殊、目犍连、常举手等诸菩萨、弟子像。

169　第14窟　南壁西侧　观音菩萨

南壁西侧的观音坐像一铺。观音作正面像，结跏趺坐，两手作法界定印，坐于莲花上，头戴宝冠，裸上身，斜披络腋，项圈、臂钏饰璎珞，飘带细长，织花的纱裙轻薄透体，有头光、背光和靠屏。石绿色的背屏上画有连续的回纹。

170　第14窟　窟顶藻井

方井中心画两个相交成"十"字的金刚杵，以方胜纹、团花纹为边饰。此内层边饰以外，四面各画佛一铺，为四方佛赴会说法相，分别为：东方香积世界阿閦佛、南方欢喜世界宝相佛、西方安乐世界无量寿佛、北方莲华庄严世界微妙闻佛，均有二菩萨胁侍和众多供养菩萨。这样面积大、构图复杂的方井，在莫高窟很少见。方井之外又有石榴卷草纹边饰以及垂角帷幔。覆斗顶四披，西披中间仅存塔顶相轮、菩提树等及两侧赴会佛各一铺。余三披画千佛，千佛中间各有坐佛一身。

171　第107窟　东壁北侧下部　女供养人

此窟覆斗形窟顶已残，仅存千佛少许。西壁开一盝顶帐形龛，龛内屏风画共十条，画菩萨、弟子六身。龛顶画交杵团花，四披画坐佛、化生。龛外两侧各画毗沙门天王一身。南壁画天请问、药师经变各一铺，北壁画弥勒、阿弥陀经变各一铺。东壁两侧分别画不空羂索观音、如意轮观音。壁面下部均画供养人。位于东壁北侧如意轮观音以下，画女供养人二身。这两身女供养人，皆梳高髻，插簪戴花，上穿彩衣，下着素裙，足穿云头红覆，手捧漆奁或包袱，红地题名榜子上，尚残存墨书"……尼佛六躯愿舍贱从良及女喜和一心供养"。在西壁龛外上方，尚存六身坐佛残迹，很可能就是喜和出资彩绘的"六躯"。身份低下的婢女的画像，在莫高窟现存的也仅此一例。但可证明，这样的中、小型洞窟，常常是由不同阶层的人们集资开凿的。

172 第107窟 西壁龛内北侧 弟子

龛内西壁屏风画四条，皆画佛弟子，图为北侧的两条。前一身是年长的迦叶，长眉高鼻，身着山水纹袈裟，足穿赭色僧履。其身后的两个年少的佛弟子，恭立一旁。

173 第9窟 甬道顶部

此窟系唐大顺元年张承奉所建，前室西壁画毗沙门天王等。甬道顶画佛教史迹故事画和瑞像图。南壁画归义军节度使索勋、陇西郡李弘谏等供养像，北壁画司徒南阳郡张承奉、陇西郡李弘定等供养像。主室中心柱东向面开一盝顶帐形龛，龛内存清塑及屏风画八条。龛顶画棋格团花，四披画药师佛、菩萨。龛外两侧画日天、月天、金刚力士和狮子。方柱南向面画趺坐佛十六身，西向面画白描人物故事，北向面画趺坐佛二十身，前部覆斗顶画经变。东壁门上画供养人，门两侧画文殊变、普贤变。南壁画劳度叉斗圣变。西壁画楞严经变。北壁画维摩诘经变。佛教史迹画和瑞像图，自中唐兴盛以来，到了晚唐开始将众多不同的史迹故事和瑞像组织在一铺画面中，形成比较复杂的构图，多画在甬道顶部。由于各个故事和画像之间很少联系，而且大都是单个形象，若不凭借榜题说明，则难以辨识。图中可见有优填王造像和毗沙门决海等内容。两斜披上整齐排列的瑞像图中，可看到施珠瑞像、分身像、于阗勃伽夷城瑞像等。

174 第9窟 中心柱东向面南侧 力士
175 第9窟 中心柱东向面北侧 力士

此窟中心柱东向面龛外两侧，画二力士，相对而立。均裸上身、披长带、着短裙、赤脚，头后有火焰项光，全身肌肉块块隆起，两眼圆睁，作嗔怒状。

176 第9窟 南壁 劳度叉斗圣变（部分）

劳度叉斗圣变相，即祇园记图，表现舍卫国大臣须达，黄金布地，买祇陀园，为释迦牟尼佛起精舍的故事。其中，由于外道六师从中作难，引起佛弟子舍利弗与外道劳度叉的斗法。结果，舍利弗胜，六师徒众、三亿弟子，

于舍利弗所出家学道，精舍乃成，号"太子祇树给孤独园"。图中只用边边角角画买园过程，例如左下角可见须达和舍利弗对坐共商买园事，并有须达大臣的车马等物。画面的主要部分用来表现具有激烈矛盾冲突的斗法场面。波斯匿王居中端坐观阵。舍利弗居左、劳度叉居右，皆坐高台之上。斗法的六个回合，以舍利弗化旋岚风吹拔大树为主要线索，中间穿插其他六个回合的内容。作者用无形的风造成事物有形的变化来渲染主题。图中劳度叉方面，一切都被吹得东倒西歪，狼狈不堪，舍利弗方面则从容若定，安然不动。通过强烈的对比，正与邪、胜与败已一目了然。这一题材在莫高窟始见于初唐，到了张议潮统治时期才得到大规模的发展。其原因与晚唐日益尖锐的阶级矛盾和民族矛盾有密切的关系。

177 第9窟 南壁 劳度叉斗圣变（部分）

劳度叉斗圣变中的细部。舍利弗和劳度叉斗法：大风吹翻劳度叉的鼓架，外道六师无法击鼓；大风吹倒大树，拔根而起，长蛇无所依，劳度叉步步败绩。敦煌石窟遗书《降魔变文》所述："舍利弗道力不思议，神通变现甚希奇，辞佛故来降外道，次第总遣大风吹。神王叫声如电吼，长蛇搏树不残枝，瞬息中间消散尽，外道飘飘无所依。六师被吹脚距地，香炉宝子逐风飞，宝座倾危而欲倒，外道怕急总扶之……"，与画面十分相合。

178 第9窟 中心柱西向面 白描人物

中心柱背面以墨线起稿画人物、界画，迄未着色。人物两身，着王官服饰，手拿笏板，立于殿侧。此图线描清晰，笔势如飞。人物形象亦颇生动，大风吹来，抬手遮面以及袍袖衣带临风的情态均很真实，显系高手所作。惜未完成，对于整幅壁画的构思无从查考，含义不明。

179 第9窟 东壁北侧 文殊变

文殊菩萨游戏坐于狮子轿座上，佩珠钏璎珞装饰，两肩披巾。狮子卷毛涂绘石绿色，作大吼状。养狮人昆仑奴，皮肤赭色，形体短小，在狮子前紧曳缰绳。画面右侧帝释天及其眷属与四大天王一同供养听法。左侧有诸菩萨和护法力士。二胁侍菩萨各双手执幡。文殊菩萨上方有华盖、飞天。另有一化生童子，飞来听法。画面色彩以石青、石绿、黑色为主，略施赭红色，清淡雅致。

180 第9窟 窟顶

藻井的中心方井特别小，饰莲花一朵，莲花花心描绘了长双头的共命鸟，周沿有回纹、团花、菱形纹和卷草边饰，卷草边饰中包括石榴、卷瓣莲、茶花等纹样。外周垂角、幔帷、彩铃、流苏。保持完整，色彩如新。四披画经变，除东披画弥勒经变外，南西北三披均画华严经变。华严九会，每披各画三会。

181 第9窟 东壁南侧下部 女供养人

东壁南侧普贤变下供养人一列共十四身，二身为比丘

尼，各持花、托盘供养。女供养人像衣着华丽，圆胖的脸上贴花钿。

182 第196窟 中心佛坛上北侧 菩萨

此窟建于唐景福二年至乾宁元年（公元893—894年），前室西壁门上画七佛，两侧画天王。南、北壁画传戒律图。甬道画男供养人，其中北壁二身为节度使索勋父子供养像。主室覆斗形顶，四披画千佛、赴会佛、菩萨。窟室中央设中心佛坛，坛上塑像存一佛二弟子一菩萨一天王。佛坛后部主尊背后起背屏通连窟顶，上画菩提宝盖。东壁门上画地藏、观音、金刚杵菩萨各一铺，门南北两侧画文殊变、普贤变。南壁东起画金光明、阿弥陀、法华经变各一铺。北壁东起画弥勒、药师、华严经变各一铺。西壁画劳度叉斗圣变一铺。图中佛坛北侧彩塑菩萨，半跏坐于莲座上，连座高2.65米。中心佛坛上的彩塑都是较大的像，并且为了适应人们绕坛观像礼拜，更进一步地发展了圆塑的技巧。唐代后期彩塑保存下来的很少，这身丰厚硕壮的游戏坐菩萨，肤色莹白，安详而端庄，雕塑的体积感很强，是晚唐的代表作品。

183 第196窟 中心佛坛上背屏 佛光（部分）

佛背光图案，里层绘石榴卷草，双凤衔枝，双凤的尾巴也画成卷草一样，把相对飞翔的凤鸟形象融合在石榴卷草丛中。图案布局自由、舒展。外层图案采用忍冬纹，将忍冬组织成火焰，又像天空的云彩，飞卷、流动，形象优美。

184 第196窟 西壁 劳度叉斗圣变（部分）

西壁劳度叉斗圣变中南侧为沙门一方。舍利弗安坐高台莲花宝座上，头顶有菩提宝盖。图右上一比丘撞钟，意味着佛教舍利弗得胜。外道六师徒众纷纷前来归顺，剃度出家。那些向沙门礼拜、接受剃度的失败者，质朴、天真，带着几分羞惭和新奇感，富有喜剧性。使人觉得可爱、亲切。

185 第196窟 西壁 劳度叉斗圣变（部分）

西壁劳度叉斗圣变中北侧为外道一方。劳度叉坐在高台宝帐中。双方斗法，沙门一方占尽优势，舍利弗遣天王回风吹来，六师徒众站脚不稳，大树拔根，鼓架倾倒，外道天女难以自持，宝帐被吹得"倾危而欲倒"，劳度叉的表情充满了惊骇和恐慌。徒众们搬来梯子，到高处抢修吹坏的宝帐。亦有的搭起人梯曳绳打桩，竭力撑持。但看来种种努力皆属枉然，这边已经是一派慌乱的景象。图右上角画祇陀园。

186 第196窟 西壁劳度叉斗圣变中 外道归依

外道归依是劳度叉斗圣变中十分精彩的部分。在斗法中被挫败的六师徒众都来皈依佛法，按照佛教的章法洗身、洗头、剃度、得度等。由于描绘对象不是神圣庄严的正面形象，使得作者敢于大胆运用自己拿手的技巧，并选

择一些新奇的角度，因而取得了别种经变难以取得的艺术成就。例如图中外道剃发和洗头的两个场面，都表现出浓厚的生活情趣。

187 第196窟 西壁劳度叉斗圣变中 风神

舍利弗这边，利用狂风去制服外道六师劳度叉。图中类似力士形象的风神，手执风口袋，将威力无比的旋岚风放出。

188 第196窟 南壁（部分）

图为南壁东侧 东起第一铺为金光明经变。表现的内容以序品为主。图上正中画释迦牟尼说法场面。上部已残。下部画诸佛、菩萨、天龙八部等俱来听法。其中东侧有一婆罗门击鼓形象，系根据《金光明最胜王经·忏悔品》："尔时妙钟菩萨，于夜梦中见大金鼓，光明晃耀，犹如日轮。""见一婆罗门、桴击金鼓，其形极姝妙，周遍有金光，犹如盛日轮，光明皆普耀……得闻金鼓妙音声，能令所求皆满足"。东起第二铺为阿弥陀经变。经变下菩萨图中所见东起第一身为南无大势至菩萨，裸半身，着长裙。第二身为正面十一面如意轮菩萨，六臂、手托日月，执花持带，头上有华盖。第三身为南无常精进菩萨，双手合十。第四身执柳枝菩萨，左手执花。第五身为南无金刚藏菩萨，头上有华盖，身着朱砂色袈裟，双脚踏莲花。第六身为观世音菩萨，右手执花，左手提净瓶，为正面像。南、北壁下部屏风菩萨图各十五幅。

189 第196窟 南壁下部 大势至菩萨

南壁经变下以屏风画形式绘菩萨一排，东起第一身菩萨，作侧面像，榜书题名为"南无大势至菩萨"，肌肤洁白，左手托莲花，右手持带，黑色长裙上有红色晕染的画法，脚踏两朵莲花，很有点徐徐前进的动态。

190 第196窟 窟顶北披 千佛

莫高窟壁画千佛，大都有榜书题名，但多已漫漶脱落，此窟千佛则还有部分清晰可辨，图自上而下可见："南无月胜佛"、"南无琉璃光佛"、"南无无明暗佛"、"南无龙吼佛"、"南无宝称佛"、"南无贤作佛"、"南无得龚一切佛"、"南无世闻自在佛"。等。

191 第196窟 东壁北侧 普贤变

东壁两侧以对称格局画文殊变与普贤变。普贤菩萨乘白象，画面构图和出现的人物形象通常与文殊变大略相同。此窟独特之处在于普贤变画面的四周绘满了听法菩萨的形象，以栏格分为十八组，每组上下五排，每排七身。共计将近六百身，整齐中多有变化，气派宏伟。

192 第138窟 东壁北侧 报恩经变

此窟主室中央有中心佛坛，坛后起背屏通连窟顶。坛上存唐塑佛像及清塑若干。窟顶覆斗形，藻井茶花串环井心，四周环绕伎乐飞天。四披画千佛，各于中间画说法

图一铺。南壁东起画天请问、法华、阿弥陀、金刚、楞伽经变各一铺。北壁东起画弥勒、华严、药师、报恩、金光明经变各一铺。西壁画药师变一铺及赴会菩萨。东壁门上画供养人,两侧分别画报恩经变和维摩诘经变。图为东壁北侧的报恩经变,布局形式与两侧画竖条幅未生怨、十六观的观无量寿经变略同,中部画佛说法情景,两侧虽未截然分割成条幅,大体以竖幅形式画故事画,西侧画孝养品须阇提太子本生,北侧画论议品鹿母夫人故事。画面上端以山水界画联成一体。

193 第138窟 东壁南侧 维摩诘经变

东壁的维摩诘经变通常将论辩双方分列门的两侧,亦有少数合为一个整幅:中间画毗耶离城大门,化菩萨从上界携来香饭与众菩萨由此门飞入。城门上方巨大宝盖之下为一铺坐佛,系佛国品。城门两侧文殊居右,坐须弥座,座前化菩萨倾香饭布施众僧。维摩诘居左,坐宝帐,帐前化菩萨跪献香钵。宝帐上空有无数狮子座飞来。宝帐和须弥座后面排列着众多菩萨及诸天龙八部。画面前部为帝王听法和各族王子。画面简炼、紧凑。

194 第345窟 甬道南壁 供养比丘

此窟建于盛唐。主室覆斗形顶,浮塑团龙卷莲藻井。东南北三壁画千佛。西壁开一平顶敞口龛,龛内塑一佛一弟子及清塑一弟子四菩萨。前室、甬道残存晚唐壁画。甬道顶画于阗佛教史迹画,南壁画供养比丘三身,北壁已残。三身供养比丘执香炉、捧花盘或双手合十,虽曾经后代涂改,但造型严谨,色彩鲜明,在晚唐供养人画像中颇受注目。

第384窟实测图

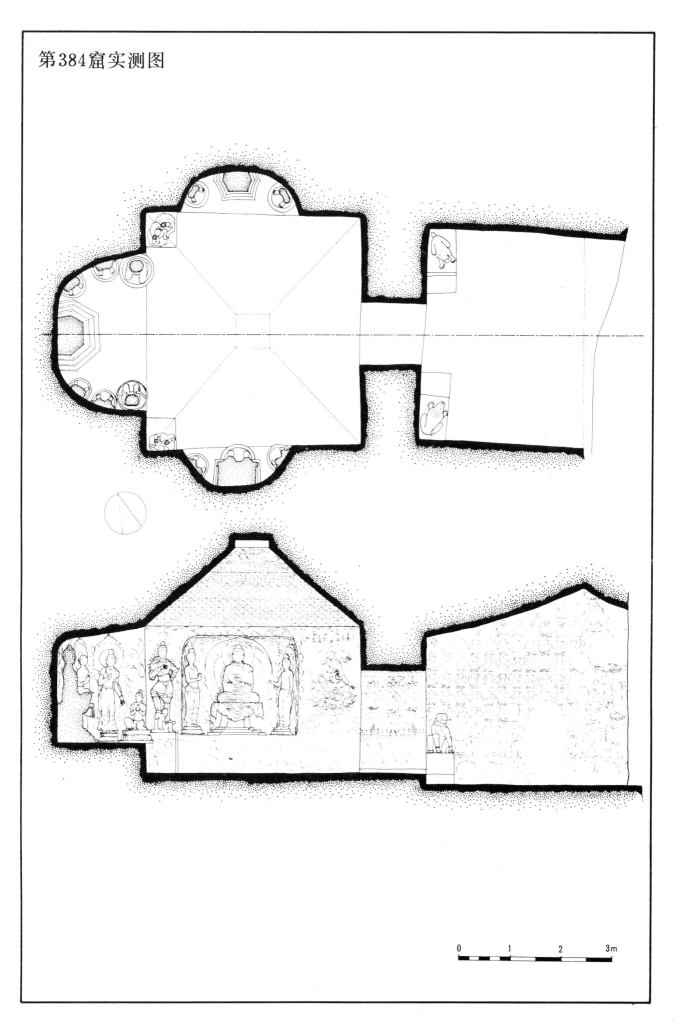

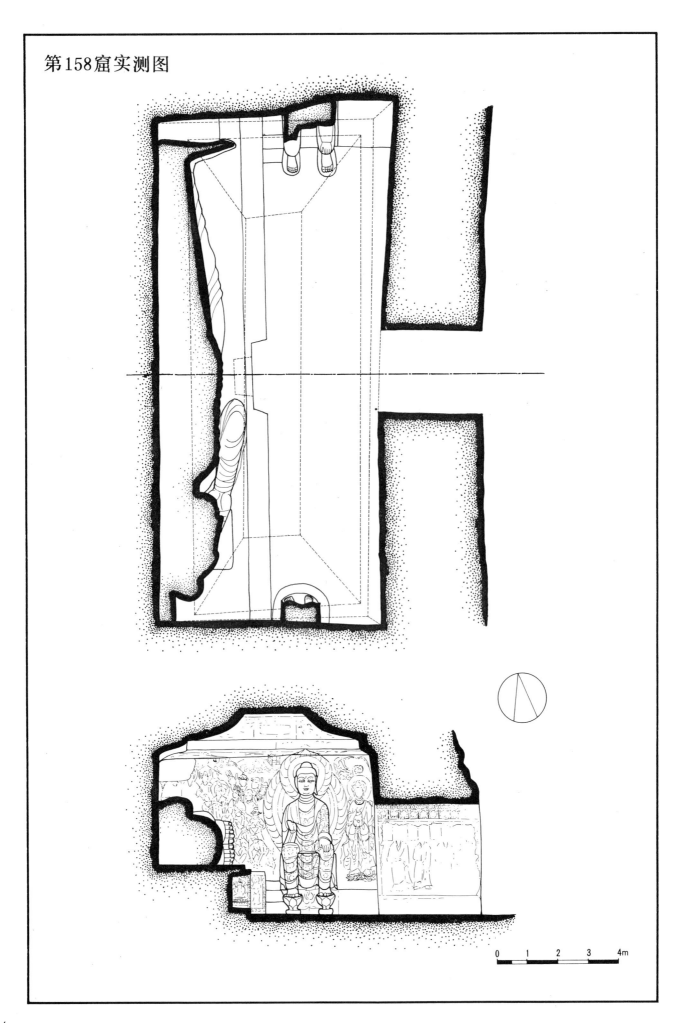

第158窟实测图

0 1 2 3 4m

第361窟实测图

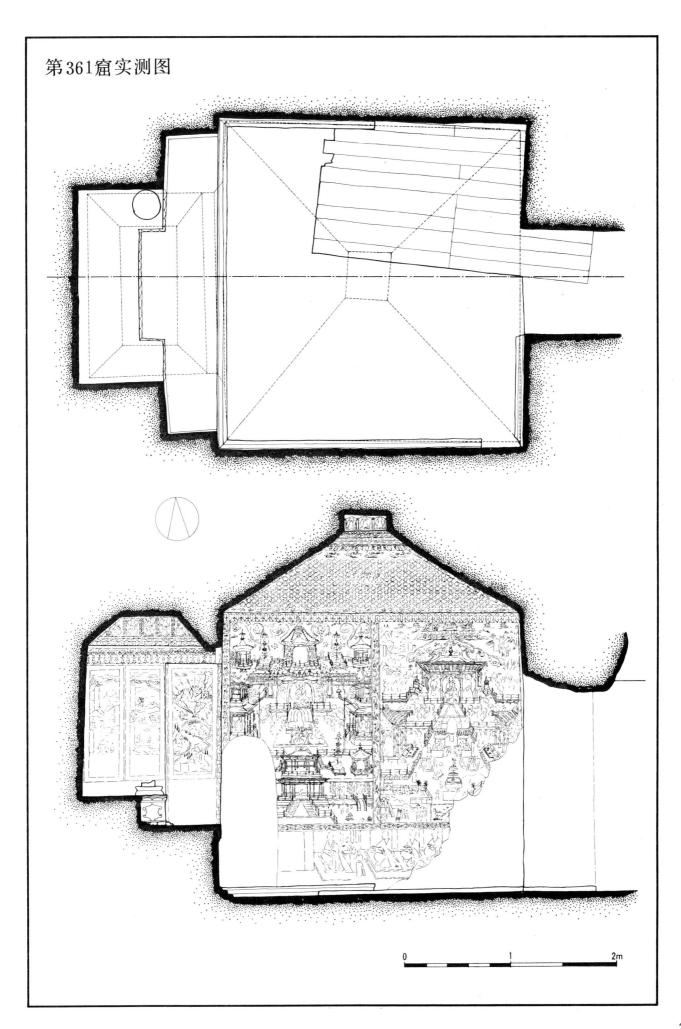

0   1   2m

235

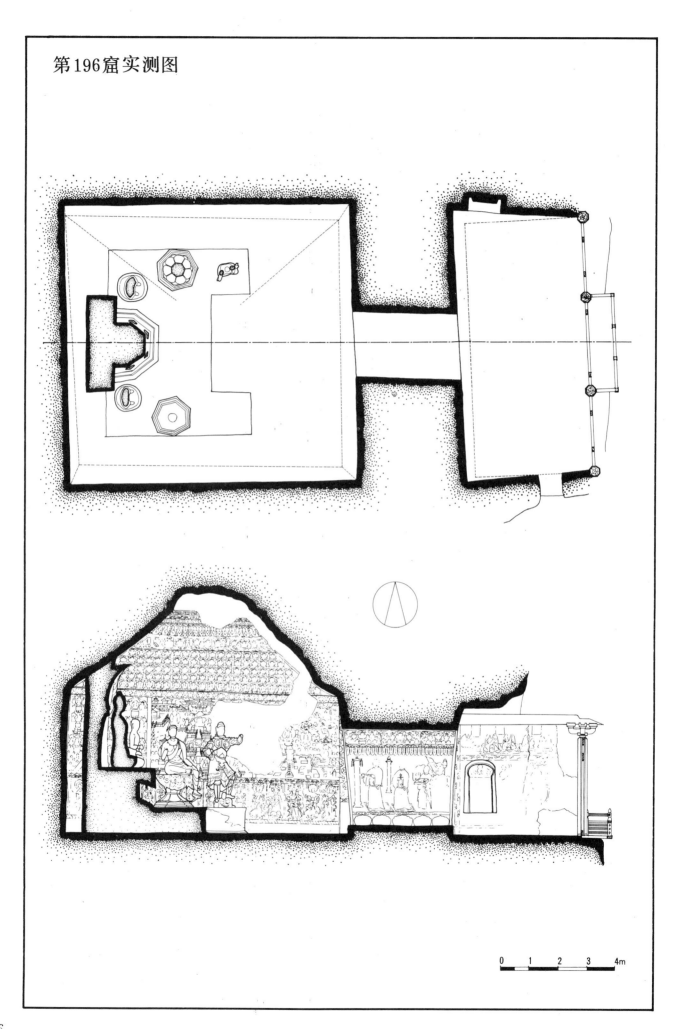

第196窟实测图

0 1 2 3 4m

敦煌莫高窟大事年表（四）

公元781年	唐	建中二年	辛酉	沙州抗蕃十一年，是年城陷。北庭、安西自吐蕃陷河、陇，隔绝不通，节度使李元忠、郭昕帅将士闭境拒守十余年，至是遣使间道来，上嘉之。（《新唐书》卷二百一十六《吐蕃传》、《元和郡县志》卷四十、《资治通鉴》卷二百二十七）
公元782年	唐	建中三年	壬戌	五月，故伊西北庭节度使杨休明、故河西节度使周鼎、故西州刺史李琇璋、故瓜州刺史张铣等归葬长安。（《旧唐书》卷十二《德宗纪》）
公元783年	唐	建中四年	癸亥	正月，唐陇右节度使张镒与吐蕃尚结赞盟于清水。四月，吐蕃从沙州遣返没蕃将士僧尼等八百人。（《资治通鉴》卷二百二十八、《唐会要》卷九十七）
公元786年	唐	贞元二年	丙寅	八月，吐蕃尚结赞大举侵泾、陇、邠、宁，得盐、夏等州。黑衣大食东侵，吐蕃军西征。（《资治通鉴》卷二百三十二、《唐会要》卷一百）
公元787年	唐	贞元三年	丁卯	河陇陷没，安西路绝，西域各族人久滞长安者达四千人。回纥合骨咄禄可汗求和亲且请婚，许以咸安公主妻之。（《资治通鉴》卷二百三十二、卷二百三十三）
公元788年	唐	贞元四年	戊辰	许回纥改为回鹘。（《资治通鉴》卷二百三十三）
公元790年	唐	贞元六年	庚午	吐蕃攻北庭，节度使杨袭古率众奔西州，为回鹘大相颉干迦斯所杀，安西与唐朝遂绝，而西州犹为唐固守。（《资治通鉴》卷二百三十三）
公元797年	唐	贞元十三年	戊寅	吐蕃赞普乞立（赤松带赞）卒，其子足之煎（木内赞保）立；一年后足之煎被母后害死，次子（木笛赞保）嗣位，不久被弑，复由小子（尺带松赞）嗣位。（《资治通鉴》卷二百三十五、王沂暖译《西藏王统记》①）
公元802年	唐	贞元十八年	壬午	骠国王摩罗思那遣使悉利移入贡，并献其国乐十二曲与乐工三十五人。骠国东接真腊，西接东天竺，乐曲皆演释氏经论之词意。（《旧唐书》卷十三《德宗纪》、《唐会要》卷一百）
公元806年	唐	元和元年	丙戌	回鹘入贡，以摩尼偕来，始置摩尼寺。（《资治通鉴》卷二百三十七）
公元808年	唐	元和三年	戊子	回鹘吐蕃，取凉州。（《资治通鉴》卷二百三十七）
公元816年	唐	元和十一年	丙申	二月，西川奏吐蕃赞普（尺带松赞）卒，新赞普可黎可足（热巴巾）立。（《资治通鉴》卷二百三十九、《西藏王统记》）
公元821年	唐	长庆元年	辛丑	五月，以皇妹太和公主嫁回鹘可汗。吐蕃遂犯境。九月，以刘元鼎为吐蕃会盟使。十月，与吐蕃礼部尚书论纳罗盟于京师西郊王会寺。遣刘元鼎与论纳罗入吐蕃与盟，立会盟碑②。是年，沙州释门都僧统画功德佛像并作记文。（《旧唐书》卷十六《穆宗纪》、《资治通鉴》卷二百四十二、《唐会要》卷九十七、敦煌石窟遗书S.1686③）
公元824年	唐	长庆四年	甲申	九月，吐蕃遣使来求《五台山图》。（《旧唐书》卷一百九十六《吐蕃传》）
公元832年	唐	大和六年	壬子	吐蕃于沙州置悉董萨、阿骨萨二汉族千户军部落。（敦煌石窟遗书P.0005、P.1000）

公元833年	唐	太和七年	癸丑	八月,吐蕃大德三藏法师法成于沙州永康寺集《大乘四法经论》及《广释开决记》一卷。十月,法成在沙州永康寺译成《六门陀罗尼经论》与《六门陀罗尼经论广释》。 （敦煌石窟遗书P.2794④、 P.2404⑤）
公元834年	唐	太和八年	甲寅	吐蕃尚书令赐大瑟瑟告身,尚起律心儿在沙州圣光寺营建功德。莫高窟今第365窟建成⑥。窟主为大蕃沙州释门教授和尚洪䛒。 （敦煌石窟遗书P.2765⑦）
公元838年	唐	开成三年	戊午	吐蕃彝泰赞普(热巴巾)被弑,其弟达磨(郎达马)继位。达磨禁佛教。 （《资治通鉴》卷二百四十六、《西藏王统记》）
公元839年	唐	开成四年	己未	莫高窟今第231窟建成。窟为大蕃故敦煌郡处士阴嘉政所建。 龛内塑释迦牟尼像并声闻、菩萨等共七躯,帐门两侧画文殊、普贤。南壁画西方净土、法华、天请问、报恩等经变各一铺。北壁画药师净土、华严、弥勒、维摩诘等经变各一铺。门外画护法善神。 （《沙州文录·大蕃故敦煌郡莫高窟阴处士公修功德记》）
公元842年	唐	会昌二年	壬戌	吐蕃达磨赞普(朗达马)为僧人所弑,吐蕃政权从此分裂。 （《新唐书》卷二百一十六《吐蕃传》、《西藏王统记》）
公元843年	唐	会昌三年	癸亥	六月,吐蕃论恐热攻鄯州节度使尚婢婢。（《资治通鉴》卷二百四十七）
公元844年	唐	会昌四年	甲子	唐朝以回鹘衰微、吐蕃内乱,议复河、湟四镇十八州,乃以刘濛为巡边使。 （《资治通鉴》卷二百四十七）
公元845年	唐	会昌五年	乙丑	唐武宗灭佛,诏陈释教之弊,拆天下寺四千六百余所、招提兰若四万余区,还俗僧尼二十六万五百人及大秦穆护、祆僧二千余人,收良田数千万顷,奴婢为两税户十五万人。吐蕃论恐热击尚婢婢。恐热大败,遁去。婢婢传檄河、湟,数恐热之罪,教民归唐。 （《旧唐书》卷十八《武宗纪》、《资治通鉴》卷二百四十八）
公元848年	唐	大中二年	戊辰	张议潮帅聚众取沙州、瓜州,遂摄州事,缮甲兵,耕且战,悉复余州。遣押衙高进达等十辈,驰表东北走天德城,防御使李丕报闻朝廷。黠戛斯大破室韦,悉收回鹘余众归碛北。回鹘庞勒部在安西自称可汗,后居甘州。（《新唐书》卷二百一十六《吐蕃传》、敦煌石窟遗书S.3329⑧、《资治通鉴》卷二百四十八）
公元849年	唐	大中三年	己巳	原、安乐、秦三州及石门等七关归唐,诏邠宁节度使移军宁州以应接河西。七月,河、陇老幼千余人诣阙,唐宣宗李忱御延喜楼见之,莫不欢呼作舞。 （《资治通鉴》卷二百四十八）
公元850年	唐	大中四年	庚午	六月二十二日沙州巡礼僧悟真至京及大德玄畅勾当藏经,各赐紫。张议潮收复伊州。 （《大宋僧史略》卷下、敦煌石窟遗书S.367《沙州、伊州地志》残卷）
公元851年	唐	大中五年	辛未	春,以张议潮为沙州防御使。五月,敕授沙门洪䛒为京城内外临坛供奉大德兼释门河西都僧统摄沙州僧政法律三学教主并赐紫衣,弟子悟真为京城临坛大德并赐紫衣。八月,张议潮遣兄议潭将瓜、沙、伊、西、甘、肃、兰、鄯、河、岷、廓等十一州图籍入朝。十一月于沙州置归义军,以议潮为节度使兼河西十一州观察使。又以议潮判官曹议金为归义军长史。此际,敕

238

				沙州专使押衙吴安正等二十九人各授官职；敕授敦煌郡释门都监察僧正兼州学博士慧菀为京城临坛大德。 （《资治通鉴》卷二百四十九、《洪䎘告身敕牒碑》⑨、《旧唐书》卷十八《宣宗纪》、《樊川文集》卷二十）
公元853年	唐	大中七年	癸酉	张淮深任沙州刺史。 （敦煌石窟遗书P.2913《张淮深墓志铭》）
公元856年	唐	大中十年	丙子	四月二十二日以悟真为沙州释门都僧录。张议潮击败伊州城西纳职县回鹘。 （敦煌石窟遗书P.3720⑩、P.2962《张议潮变文》）
公元857年	唐	大中十一年	丁丑	去年遣王端章为册立回鹘使，至雪山南畔，国信被回鹘黑车子所夺，不至而返。押衙陈元弘逃至沙州。议潮发兵讨叛乱回鹘。吐蕃尚延心率河渭二州部落归唐，唐朝命延心为河、渭都游弈使，使统其众居之。六月二十二日吐蕃沙门法成在沙州开元寺讲说《瑜伽师地论》。 （《资治通鉴》卷二百四十九、敦煌石窟遗书P.2962《张议潮变文》、S.5309⑪）
公元861年	唐	咸通二年	辛巳	张议潮收凉州。 （敦煌石窟遗书S.6342《张义潮进表》）
公元862年	唐	咸通二年	壬午	河西都僧统洪䎘卒。翟法荣继任。悟真为副僧统。翟法荣兴建莫高窟今第85窟。 （敦煌石窟遗书P.3720、《沙州文录·翟家碑》）
公元863年	唐	咸通四年	癸未	三月，归义军节度使张议潮奏自将蕃、汉兵七千攻克凉州。 （《资治通鉴》卷二百五十）
公元865年	唐	咸通六年	乙酉	张议潮遣西凉府僧法信进沙门乘恩所撰《百法论疏抄》。两街详定以行世，赐法信紫衣充本道大德。莫高窟今第156窟建成⑫。 （《大宋僧史略》卷下）
公元866年	唐	咸通七年	丙戌	二月，张议潮奏北庭回鹘仆固俊克西州、北庭、轮台、清镇等城。三月二十八日东道石弘载等在莫高窟今第130窟题名⑬。闰三月，张议潮入朝到达东京洛阳。七月，沙州节度使张议潮进甘峻山青骹鹰四联、延庆节马二匹、吐蕃女子二人。十月，拓拔怀光于廓州俘吐蕃论恐热，传首京师。 （《资治通鉴》卷二百五十、敦煌石窟遗书《二娘子家书》、《旧唐书》卷十九《懿宗纪》）
公元867年	唐	咸通八年	丁亥	以张议潮为右神武统军。莫高窟今第85窟建成。 （《资治通鉴》卷二百五十、《沙州文录·翟家碑》）
公元869年	唐	咸通十年	己酉	八月，河西都统翟法荣卒。十二月二十五日悟真充任河西都僧统。 （敦煌石窟遗书P.3720）
公元870年	唐	咸通十一年	庚寅	莫高窟今第12窟建成。 （《沙州文录·索法律窟铭》）
公元871年	唐	咸通十二年	辛卯	凉州收复后，唐朝以道路甚远，馈运难给，欲废弃之。张议潮进表力陈利害得失，朝廷始派兵戍守之。莫高窟今第107窟建成⑮。 （敦煌石窟遗书S.6342《张义潮进表》）
公元872年	唐	咸通十三年	壬辰	八月，张议潮卒。张淮深代领归义军事。 （《资治通鉴》卷二百五十二、敦煌石窟遗书P.2762《张淮深修功德记》残卷）
公元880年	唐	广明元年	庚子	黄巢起义军攻陷长安，建立大齐政权，改元金统。唐僖宗李儇逃往四川。 （《资治通鉴》卷二百五十四）
公元884年	唐	中和四年	甲辰	此顷河西回鹘逐走吐蕃、退浑、龙家各族民众，控据甘州。 （敦煌石窟遗书S.389《肃州防戍都状》）
公元887年	唐	光启三年	丁未	张淮深遣宋闰盈等六十余人至凤翔向朝廷要求建节。 （敦煌石窟遗书

				S.1153《沙州进奏院上本使状》)
公元 888 年	唐	文德元年	戊申	唐朝命左散骑常侍李□甫，供奉官李全伟等到沙州，加张淮深为尚书。莫高窟今第94窟建成。　（敦煌石窟遗书 P.3451《张淮深变文》、P.2762《张淮深修功德记》残卷）
公元 890 年	唐	大顺元年	庚戌	张淮深夫妇及六子遇害。　（敦煌石窟遗书 P.2913《张淮深墓志铭》）
公元 892 年	唐	景福元年	壬子	索勋立为节度使。此顷莫高窟今第9窟建成⑰。（《大唐索公纪德碑》⑯）
公元 893 年	唐	景福二年	癸丑	此顷莫高窟今第196窟（何法师窟）建成⑱。
公元 894 年	唐	乾宁元年	甲寅	李明振妻率诸子剿除索勋，立张承奉为归义军节度使，李弘愿为节度副使，李弘谦为甘州刺史。莫高窟今第148窟重修⑲。
公元 896 年	唐	乾宁三年	丙辰	沙州龙兴寺上座马德胜在莫高窟北大像南兴建佛窟。　（敦煌石窟遗书 S.2113《乾宁三年唐沙州龙兴上座沙门俗姓马氏香号德胜岩泉朔修功德记》）
公元 900 年	唐	光化三年	庚申	八月，制前归义军节度副使张承奉为检校左散骑常侍兼沙州刺史御史大夫充归义节度瓜沙伊等州观察处置押蕃落等使。十二月，悬泉长史翟乞达等随唐镇使巡礼榆林窟⑳。　（《旧唐书》卷二十《昭宗纪》）
公元 903 年	唐	天复三年	癸亥	莫高窟今第192窟建成。龛内塑阿弥陀佛一铺七事，北壁画药师变、天请问经变各一铺，南壁画阿弥陀经变、弥勒变各一铺，西壁龛外两侧画文殊、普贤各一躯并侍从，东壁门西侧画不空羂索、如意轮各一躯，窟顶画四方佛并贤劫千佛六十六躯，又于门外造窟檐一间㉑。
公元 905 年	唐	天祐二年	乙丑	张承奉自立为白衣天子，号西汉金山国，据瓜、沙、肃、鄯、河、兰、岷、廓八州之地。　（王重民《金山国坠事零拾》㉒）
公元 906 年	唐	天祐三年	丙寅	金山国拒甘州回鹘入侵。　（《金山国坠事零拾》）
公元 907 年	唐	天祐四年	丁卯	三月，唐哀帝李柷让位于梁王朱全忠（朱温），唐朝亡。　（《旧唐书》卷二十《哀帝纪》）

注

① 商务印书馆1957年版.

② 此碑之一今尚存于拉萨大昭寺前.

③ 此卷录《大番岁次辛丑沙州释门都僧统□教授和尚画功德佛像记》.

④ 此卷集录《大乘四法经论》及《广释开决记》一卷，题："大蕃国大德三藏法师沙门法成集"，末题："癸丑年八月下旬九日于沙州永康寺集毕记".

⑤ 此卷背录《六门陀罗尼经》及《经论》、《经论广释》，末题："癸丑年十月上旬八日于沙州永康寺集译讫故记之也".

⑥ 第365窟佛坛沿藏文题记："圣神赞普可黎可足在位之时……复于阳水鼠年（夏令）建此佛殿，及至阳木虎之年……仲秋之月，开光承礼"（黄文焕译文）。按此正值公元832～834年.

⑦ 此卷录甲寅年历日；卷背录愿文数篇及《大蕃敕尚书令赐大瑟瑟告身》、《尚起律心儿圣光寺功德颂》.

⑧ 此卷为《张氏修功德记》，曰："……敦煌晋昌，收复已讫，时当大中二载，题表修笺，行道驰函，上达天闻……次屠张掖酒泉，功城野战，不逾星岁，克获两州，再奏天阶，……".

⑨ 此碑现存于第17窟内西壁.

⑩ 此卷录大中五年至咸通十年赐僧洪辩及悟真告身及长安名僧赠悟真诗.

⑪ 此卷录《瑜伽师地论》卷三十，题记："大唐大中十一年岁次丁丑六月二十二日国大德三藏法师沙门法成于沙州开元寺说毕记".

⑫ 今莫高窟第156窟前室北壁墨书《莫高窟记》题"□通六年正月十五日记".

⑬ 第130窟东壁北侧底层原有题记："浙江东道弟子张□□魏博弟子石弘载……咸通七年三月廿八日……耳".

⑭ 见邓之诚《骨董续记》卷二，生活·读书·新知三联书店1955年版《骨董琐记全编》p.320.

⑮ 第107窟西壁龛下发愿文纪年："大唐咸通拾贰年……贰拾日……".

240

⑯　此碑残件现存敦煌县文化馆。

⑰　向达《罗叔言〈补唐书张议潮传〉补正》，生活·读书·新知三联书店1957年版《唐代长安与西域文明》pp.423～425。

⑱　第196窟甬道北壁供养人索勋题名结衔为归义军节度使。

⑲　第148窟前室《唐宗子陇西李氏再修功德记》碑。

⑳　榆林窟今第25窟前室南壁唐"光化三年十二月廿二日"窣乞达等七人"随从唐镇使巡此圣迹"墨书题记。

㉑　第192窟东壁门上墨书敦煌龙兴寺沙门明立撰《发愿功德赞文》，文末记："大唐天复三年岁次癸亥二月壬寅日……"

㉒　刊《国立北平图书馆馆刊》九卷六号，P.5232。